职业教育一体化课程改革系列教材——智能楼宇

智能楼宇现场设备安装

周 烨　韦 政　赵子云　邱孝扬　王庆江　主编

西南交通大学出版社
·成都·

图书在版编目（CIP）数据

智能楼宇现场设备安装/周烨等主编. —成都：西南交通大学出版社，2019.2
ISBN 978-7-5643-6639-1

Ⅰ. ①智… Ⅱ. ①周… Ⅲ. ①智能化建筑－房屋建筑设备－建筑安装－职业教育－教材 Ⅳ. ①TU85

中国版本图书馆CIP数据核字（2018）第290744号

智能楼宇现场设备安装

周 烨 韦 政 赵子云 邱孝扬 王庆江 主编

责任编辑	李 伟
封面设计	何东琳设计工作室
出版发行	西南交通大学出版社 （四川省成都市二环路北一段111号 西南交通大学创新大厦21楼）
发行部电话	028-87600564　028-87600533
邮政编码	610031
网址	http://www.xnjdcbs.com
印刷	四川煤田地质制图印刷厂
成品尺寸	210 mm×285 mm
印张	11.5
字数	345千
版次	2019年2月第1版
印次	2019年2月第1次
书号	ISBN 978-7-5643-6639-1
定价	29.00元

课件咨询电话：028-87600533
图书如有印装质量问题　本社负责退换
版权所有　盗版必究　举报电话：028-87600562

深圳第二高级技工学校
工学一体化课程配套改革系列教材丛书编委会

主任　张　文　余野军　罗德超

编委　郭仲伦　马　跃　王朝武　周　烨
　　　　郭　伟　陈　群　尚　丽　陈飞健
　　　　闵国光　郑庆元　梁　健　张雅婷

前　言

根据人力资源和社会保障部办公厅关于印发技工院校一体化课程教学改革试点工作方案的通知精神，以及《中共中央办公厅国务院办公厅印发〈关于进一步加强高技能人才工作的意见〉的通知》(中办发〔2006〕15号)，为进一步深化技工院校教学改革，加快技能人才培养，推动技工教育可持续发展，深圳第二高级技工学校作为开展一体化课程教学改革试点院校，结合我校楼宇智能化专业开展现状，依据《技工院校一体化课程教学改革试点工作方案》，开发了楼宇智能化专业系列教材。

一体化课程是以国家职业标准为依据，以综合职业能力培养为目标，以典型工作任务为载体，以学生为中心，根据典型工作任务和工作过程设计课程体系和内容，按照工作过程的顺序和学生自主学习的要求进行教学设计并安排教学活动，实现理论教学与实践教学融通合一、能力培养与工作岗位对接合一、实习实训与顶岗工作学做合一。

编者在组织修订、编写教材时，考虑到接受培训人员的实际水平，为了使学员在较短时间内掌握从业必备的基本知识和操作技能，力求做到学习的理论知识为掌握操作技能服务，操作技能实践课题与生产实际紧密结合，内容深入浅出、图文并茂，增强教材的实用性和可读性。同时，注意在教材中反映新知识、新技术、新工艺和新方法，努力提高教材的先进性。

为了学生在学习过程中更好地掌握专业技能，适应企业岗位要求，编者按照专业基础课+专业主干课的模式开发教材。专业基础课包括"楼宇电子技术应用""楼宇自动控制技术应用""楼宇CAD"；专业主干课包括"管线敷设""楼宇现场设备安装""设备监控系统安装与调试""通信与信息网络系统安装与调试""综合布线系统安装与调试""安全防范系统安装与调试""消防自动化系统安装与调试""设备监控系统检测与维修""通信与信息网络系统检测与维修""综合布线系统检测与维修""安全防范系统检测与维修""消防自动化系统检测与维修""设备监控系统方案设计与实施管理""通信与信息网络系统方案设计与实施管理""综合布线系统方案设计与实施管理""安全防范系统方案设计与实施管理""消防自动化系统方案设计与实施管理"等。

由于编写时间有限，教材中难免存在不足之处，我们将在教材使用过程中听取各方面的意见，适时进行修改，使其趋于完善。

编　者
2018年11月

目　录

学习任务一　探测器的安装 ··· 1
　　学习活动一　幕帘探测器的安装 ··· 1
　　学习活动二　双鉴探测器的安装 ·· 14
　　学习活动三　主动红外探测器的安装 ·· 24
　　学习活动四　感烟/感温探测器的安装 ··· 35

学习任务二　摄像机的安装 ·· 46
　　学习活动一　半球摄像机的安装 ·· 47
　　学习活动二　枪式摄像机的安装 ·· 63
　　学习活动三　球形摄像机的安装 ·· 79

学习任务三　传感器的安装 ·· 92
　　学习活动一　温度传感器的安装 ·· 93
　　学习活动二　液位传感器的安装 ··· 107
　　学习活动三　压差传感器的安装 ··· 117

学习任务四　驱动器及执行器的安装 ··· 128
　　学习活动一　风阀驱动器及执行器的安装 ··· 128
　　学习活动二　水阀驱动器及执行器的安装 ··· 143

学习任务五　照明控制箱的安装 ·· 157

参考文献 ·· 176

学习任务一　探测器的安装

【学习目标】

（1）能看懂工作任务单，明确自己的工作任务。
（2）能选用安装工具、设备与材料。
（3）能查阅探测器安装手册或搜索相关信息，获取常见探测器的安装方法。
（4）能按照施工图及施工要求完成探测器设备的安装。
（5）能正确完成安装验收。
（6）能根据完成的工作内容进行质量反馈与评价。
（7）能执行现场7S的工作管理。
（8）能按照工作要求，执行本岗位工作流程，规范编写工作总结并交流。

【建议学时】

80学时。

【任务描述】

某工业园建于20世纪80年代末，当时未给大厦设计智能化系统，随着园区周边环境变得复杂，园区内人员管理混乱，且经常发生失窃现象；之后为了保障园区安全，建议单位对园区安全监控系统公开招标。公司通过投标，中标后根据公司安排，我部门负责结合工程进度规划，完成探测器的安装任务。

学习活动一　幕帘探测器的安装

学习目标

（1）能描述幕帘探测器的定义、幕帘探测器的探测原理。
（2）能查阅资料，完成幕帘探测器安装所用工具的选择。
（3）能根据需求确定幕帘探测器的安装位置，并正确使用工具、设备，完成幕帘探测器的安装。
（4）能按照国家标准，完成幕帘探测器安装工程的验收，并在验收时指出安装工程存在的问题。
（5）能规范地撰写工作总结，并进行成果展示与经验交流。

📝 建议学时

32 学时。

一、施工准备

🔍 学习目标

（1）能描述幕帘探测器的定义。
（2）能描述楼宇行业中用到的幕帘探测器的探测原理。
（3）能根据商标确定幕帘探测器的生产厂家。
（4）能识读幕帘探测器的图例、符号。

🛠 学习准备

作业班组施工任务单、《安全防范系统通用图形符号》（GA/T 74—2017）、劳保用品。

🎓 学习过程

（1）小组讨论，分析施工任务单的信息（见表 1-1-1），填写下面内容。
① 工程类别：敷设线管☐　敷设线缆☐　设备安装☐　设备调试☐　其他☐
② 安装地点：_____；安装内容：_____
_____
_____
_____
③ 安装要求：_____
_____
_____
④ 完工时间：_____。

（2）查阅资料，说说幕帘探测器的使用环境。

表 1-1-1　作业班组施工任务单

工程名称：		任务单编号：	
作业班组工种：设备安装		班组负责人姓名：	
施工任务及范围安排 施工任务：按照施工图纸，完成幕帘探测器的安装任务 施工范围：工业园区			
要求最迟完成时间： 7 个工作日			
质量交底要求及注意事项： 设备判断正确，安装过程中不得出现损坏设备的情况；设备连接时，电缆线路应留有余量			
施工员签字： 年　月　日		班组长签字： 年　月　日	

 学习拓展

1. 幕帘探测器

理论上，自然界中的一切物体，只要它的温度高于绝对零度（-273.15 ℃），其表面就会不断地辐射红外线。不同温度的物体，其释放的红外能量的波长是不一样的，因此红外波长与温度高低有关。按照人体各部分热辐射度的差别（包括体内），其峰值在 8~12 μm 之间。幕帘探测器是根据该理论生产并工作的。

方向幕帘探测器

被动式红外探头就是靠探测人体发射的 10 μm 左右的红外线而进行工作的。人体发射的 10 μm 左右的红外线通过菲涅尔（Fresnel）滤光片增强后聚集到红外感应源上。红外感应源通常采用热释电元件，这种元件在接收到人体红外辐射温度发生变化时就会失去电荷平衡，向外释放电荷，后续电路经检测处理后就能产生报警信号。

2. 幕帘探测器的原理

被动红外探测器有两个关键组件：一个为热释电感应元，另一个为在探测器正面设置的菲涅尔光学透镜组。菲涅尔光学透镜组通常由许多组透镜组成，少则几个透镜，多则几十个透镜。菲涅尔滤光片根据性能要求不同，具有不同的焦距（感应距离），从而产生不同的监控视场，视场越多（相应透镜组的透镜数量也越多），控制越严密。大多数探测器可以根据不同探测器情况要求更换不同的镜头，包括广角镜头、长距离镜头、防虫物镜头、幕帘镜头等，这些镜头其实就是不同数量、焦距的菲涅尔光学透镜组合。其中，幕帘探测器在探测方式上比较有特点，因此得到广泛的应用。

上面介绍了幕帘探测器在透镜方面的特点，传统的探测器通过更换幕帘镜片可以改造成幕帘探测器，但是从性能方面讲，此类探测器仅仅是探测区域为幕帘式，其他方面如安装方式、外形设计、探测角度、探测精度等方面都受到不同程度的制约。因此，一些安防厂家设计有专门的幕帘探测器。

（1）查阅资料，说说幕帘探测器的应用场合。

（2）描述两种不同幕帘探测器的探测范围。

（3）根据表 1-1-2 中的图示指出安装方式。

表 1-1-2　安装方式

序号	例　图	安装方式
1	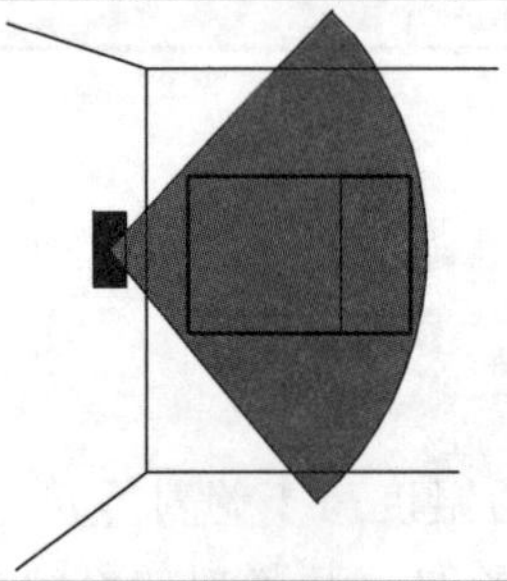	
2	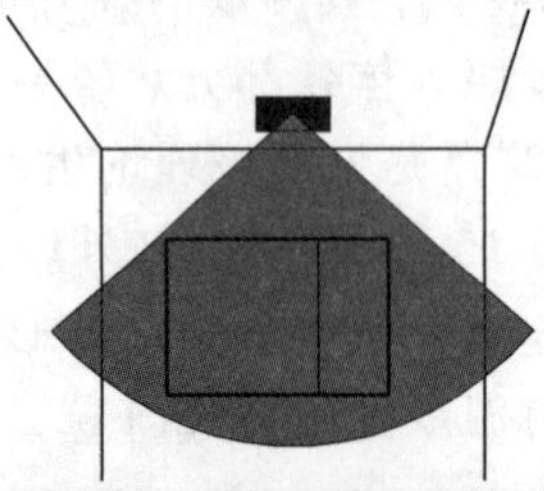	

（4）根据施工现场环境，选择幕帘探测器并写明型号参数。

二、制订施工计划

🔍 学习目标

（1）能根据施工图，识读幕帘探测器的图例、符号。
（2）能查阅资料，完成幕帘探测器安装所用工具的选择。
（3）能查阅资料，填写安装时涉及的国家标准。

学习准备

《安全防范系统通用图形符号》(GA/T 74—2017)、《安全防范工程技术规范》(GB 50348—2004)、《民用建筑电气设计规范》(JGJ 16—2008)、劳保用品。

学习过程

（1）识读本次工程的安装施工图，查阅资料，回答下列问题。

① 根据施工图中的施工要求，需要用到哪些材料？

② 阅读附件资料，搜集这些产品的说明书并展示。

③ 安装设备时，需要哪些工具？

④ 安装设备时，需要哪些耗材？

⑤ 小组讨论并确定施工所需的工具、耗材，填入工具及耗材清单（见表1-1-3）。

表1-1-3 工具及耗材清单

序号	名称	型号与规格	单位	数量	备注
1					
2					
3					
4					
5					
6					
7					
8					

（2）小组讨论，编写本组的施工计划（见表 1-1-4），确定计划中的重点部分，并在施工计划中标注清楚。

表 1-1-4 施工计划

施工名称			施工时间	
施工地点			项目负责人（班组长）	
施工计划内容	情况分析：			
	工作任务和要求：			
	工作的方法、步骤和措施：			
	施工验收规范：			
施工人员（签字）			项目经理（签字）	

学习拓展

（一）施工管理体系

施工管理体系结构见图 1-1-1。

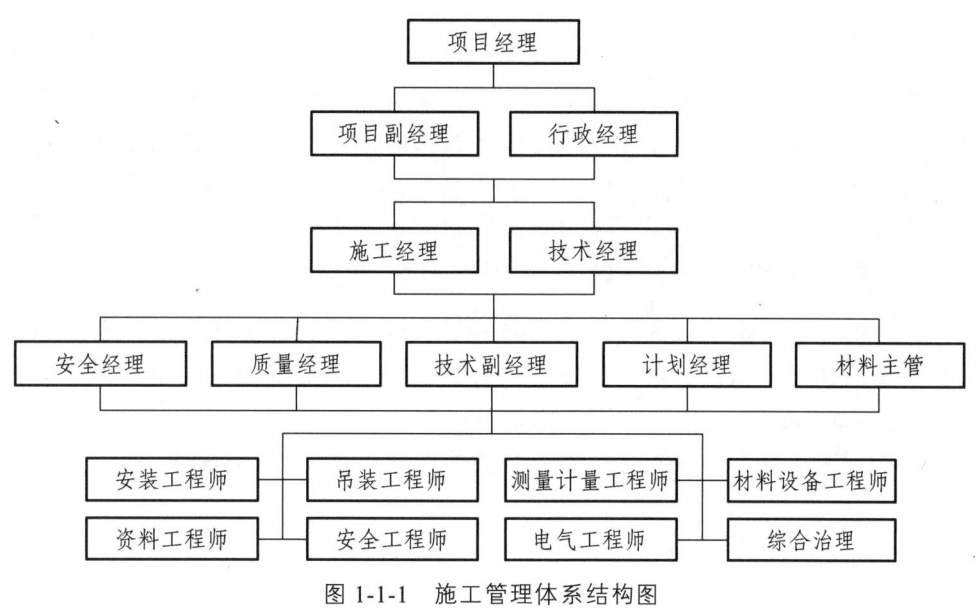

图 1-1-1 施工管理体系结构图

（二）施工管理人员岗位责任

1. 项目经理

项目经理对工程全面负责；是项目部生产进度、安全、质量和成本的第一责任人；按国际工程施工管理的要求，组织好施工，协调好业主、总承包商、监理在工程上和技术上的关系，管理好施工队伍。

2. 技术经理

技术经理全面对工程的技术、质量、安全负责，负责施工技术资料、文件的全过程管理；协调、组织、参与工程项目的质量检查、整改、验收工作。

3. 施工经理

施工经理组织工程的施工；按项目经理的要求，对工程的进度、安全、质量进行管理，对施工方案的实施进行监督；合理组织调配现场的施工人员、施工设备、材料和施工机械，使施工全过程处于受控状态。

4. 安全经理

安全经理负责施工现场的安全管理；负责编写"安全生产管理计划书"，做好安全宣传教育工作，做好安全监督检查工作，落实各项安全措施，杜绝各类事故苗子，有权制止任何不安全操作，确保安全生产。

5. 质量经理

质量经理负责工程的质量管理；协助技术经理落实项目部质量计划，加强对工程质量进行监督检查，监督施工班组做好自检、互检及分部分项工程质量评定，熟悉施工规范和质量标准，检查工程中存在的问题并及时整改。

6. 施工工程师

施工工程师负责本专业（本工种）的施工管理；熟悉施工图纸，参加图纸会审，负责向施工班组进行包括进度、安全、质量、技术、文明施工等内容的交底，调配好本工种的施工机具和劳动力使用，做好材料计划，控制限额领料。

7. 设备（材料）工程师

设备（材料）工程师负责项目部施工工器具和材料的发放管理工作，做好相应的管理台账；对施工设备及工装器具进行标识；负责工地物资计划的编制；负责物资的定额，物资的限额，物资的采购、运输、验收和保管工作。具体工作如下：

① 配合项目经理对分承包方的资质、信誉及质量保证和供货能力的评审记录，确保材料质量、价格受控。

② 汇总、审核各施工工程师提交的材料计划，按公司物资采购程序执行采购，负责验收中所产生的不合格问题。

③ 做好甲供或自行采购的主材的采购台账及供货的原始记录，收集各类技术资料或质保书，提交专职资料员保管。

④ 加强库存管理，杜绝错购及库存物资超额，负责现场物资管理布置堆放。

8. 资料员

资料员负责项目合同、文件、图纸的日常管理，做好各类文件资料的登记、归档、分发工作；负责对施工过程中产生的各类检查、验收表格或报告进行收集、整理，协助竣工资料的汇编。

三、安装施工

学习目标

（1）能描述幕帘探测器的安装方法。
（2）能根据需求确定幕帘探测器的安装位置。
（3）能正确使用工具、设备，完成幕帘探测器的安装。

学习准备

安装用工具和设备资料、幕帘探测器产品说明书、作业班组施工任务单、探测器安装施工图、相关国家标准、相关行业规范、安全生产操作规程等；电动工具、冲击钻、手电钻等；通用工具：冲击钻头、扎带、胶带、热缩管、松香、各种线材等；劳保用品、安全生产警示标识。

学习过程

根据幕帘探测器的使用环境及技术参数，首先需要确定安装方式及安装位置。

（1）查阅资料，写出安装设备时的操作注意事项。

（2）查阅资料，写出幕帘探测器的安装注意事项。

（3）在教师的指导下，分组完成探测器的安装，并记录安装操作的步骤及要点。
① 固定底座。

② 拆开面板安装探测器。

③ 根据端子标识接线。

④ 功能测试。

⑤ 功能调试。

四、工程验收

🔍 学习目标

（1）能按照国家标准，完成幕帘探测器安装工程的验收。
（2）能按照国家标准，在验收时指出安装工程存在的问题。

✏️ 学习准备

安装施工图、《建筑电气工程施工质量验收规范》（GB 50303—2015）、探测器产品说明书、万用表等检测用工具、设备、劳保用品、安全生产警示标识。

🎓 学习过程

（1）写出检测幕帘探测器安装质量应该使用的工具与设备。

（2）在教师指导下，小组进行幕帘探测器安装质量的检测，并记录检测操作步骤及要点。

（3）小组讨论，填写设备安装验收单（见表1-1-5），并在小组间交流。

表 1-1-5 设备安装验收单

设备名称		规格型号		制造编号	
安装地点		安装日期		安装负责人	
(1)设备安装及管线布置是否符合设计要求?					
(2)设备安装及整个系统的连接是否符合工艺要求?					
(3)设备安装是否便于操作与维修?					
(4)设备安装是否符合安全要求?安全防护装置是否完善?					
使用部门意见					

五、学习成果展示与汇报、评价与反馈

学习目标

(1)能规范地撰写工作总结。
(2)能采用多种形式进行成果展示。
(3)能有效地进行工作总结与经验交流。

学习准备

作业班组施工任务单、探测器安装工程施工图、图例资料、产品说明书、展示用探测器、展示用设备、劳保用品、安全生产警示标识。

小组汇报

(1)小组长检查引导问题的掌握情况,老师随机抽查.
(2)评价反馈,从多方面对工作和学习过程及成果进行评价,不仅要找到缺陷,更重要的要找到产生缺陷的原因,并做出相应的修正(见表 1-1-6、表 1-1-7)。

（3）小组代表进行总结性发言，提交学习成果。

表 1-1-6 职业行动评价表

评价项目	评价内容	评价标准	评价方式		
			自我评价	小组评价	教师评价
职业素养	安全意识责任意识	A 作风严谨，自觉遵章守纪，出色地完成工作任务； B 能够遵守规章制度，较好地完成工作任务； C 遵守规章制度，没完成工作任务或虽完成工作任务但未严格遵守规章制度； D 不遵守规章制度，没完成工作任务			
	学习态度主动	A 积极参与教学活动，全勤； B 缺勤达本任务总学时的10%； C 缺勤达本任务总学时的20%； D 缺勤达本任务总学时的30%			
	团队合作意识	A 与同学协作融洽，团结合作意识强； B 与同学能沟通，协同工作能力较强； C 与同学能沟通，协同工作能力一般； D 与同学沟通困难，协同工作能力较差			
专业能力	活动一：勘查现场	A 按时、高质量完成调研及工作页，积极参与课堂活动，表现突出； B 按时、较好地完成工作页，积极参与课堂活动； C 没按时完成工作页，不积极参与课堂活动； D 没完成工作页，不参与课堂活动			
	活动二：施工前准备	A 按时、完整地完成工作页，问题回答正确； B 按时、完整地完成工作页，问题回答基本正确； C 未能按时完成工作页，或内容遗漏、错误较多； D 未完成工作页			
	活动三：现场施工	A 学习活动成绩为90~100分； B 学习活动成绩为75~89分； C 学习活动成绩为60~74分； D 学习活动成绩为0~59分			
	活动四：总结与评价	A 学习活动成绩为90~100分； B 学习活动成绩为75~89分； C 学习活动成绩为60~74分； D 学习活动成绩为0~59分			
创新能力		学习过程中提出具有创新性、可行性的建议	加分奖励：		
学生姓名			综合评价等级		
指导教师			日　　期		

表 1-1-7　职业内容与职业能力评价表

学习任务名称：_____

班级：_____　组别：_____　姓名：_____　学号：_____

项　目	评价内容	每次课评价	活动总评
职业素养评价项目（老师与观察员评价）	不迟到、不早退、仪容仪表、工衣、工牌 评价方法：全部合格为 A，一个不合格为 B，两个不合格为 C，三个不合格为 D		
	资讯（获取有效的信息）：网络、书籍、产品资料、老师、同学、相关规范及标准、其他 评价方法：两种渠道以上的为 A，两种渠道的为 B，一种渠道的为 C，无为 D		
	团队合作意识：与同学合作交流、听取同学意见、表达自己的观念、协助制订工作计划、无独自一人发呆走神现象、无抵触或不参与、协调小组成员、参与小组讨论 评价方法：全部合格为 A，一个不合格为 B，两个不合格为 C，三个及三个以上不合格为 D		
	7S 管理意识：学习区、施工区、资讯区、仓储区 评价方法：全部合格为 A，一个不合格为 B，两个不合格为 C，三个不合格为 D		
职业能力评价项目（老师与组长评价）	当次项目工作页完成情况 评价方法：抽查引导问题，第一次成功为 A，第二次成功为 B，第三次成功为 C，第四次及以上成功的为 D		
	成果 1：_____		
	成果 2：_____		
	成果 3：_____		
	成果 4：_____		
	学习成果评价方法： 小组抽查形式：第一次成功为 A，第二次成功为 B，第三次成功为 C，第四次及以上成功的为 D。 个人考核形式：当次学习活动成绩 90~100 分为 A；75~89 分为 B；60~74 分为 C；0~59 分为 D		
加分项目	1. 课堂积极发言一次加 1 分； 2. 上讲台总结发言一次加 2 分； 3. 成功组织策划课件活动一次加 3 分		
加分及扣分说明			

续表

		安排的工作任务：	日期：
学习情况描述	学习活动一	实际工作内容：	评价人：
		完成情况：	
	学习活动二	安排的工作任务：	日期：
		实际工作内容：	评价人：
		完成情况：	
	学习活动三	安排的工作任务：	日期：
		实际工作内容：	评价人：
		完成情况：	
教师评价			总评成绩：

学习活动二　双鉴探测器的安装

学习目标

（1）能描述双鉴探测器的定义、双鉴探测器的探测原理。
（2）能查阅资料，完成双鉴探测器安装所用工具的选择。
（3）能根据需求确定双鉴探测器的安装位置，并正确使用工具、设备，完成双鉴探测器的安装。
（4）能按照国家标准，完成双鉴探测器安装工程的验收，并在验收时指出安装工程存在的问题。
（5）能规范地撰写工作总结，并进行成果展示与经验交流。

建议学时

16学时。

一、施工准备

学习目标

（1）能描述双鉴探测器的定义。
（2）能描述楼宇行业中用到的双鉴探测器的探测原理。
（3）能根据商标确定双鉴探测器的生产厂家。
（4）能识读双鉴探测器的图例、符号。

学习准备

作业班组施工任务单、《安全防范系统通用图形符号》（GA/T 74—2017）、劳保用品。

学习过程

（1）小组讨论，分析施工任务单的信息（见表1-2-1），填写下面内容。
① 工程类别：敷设线管□　敷设线缆□　设备安装□　设备调试□　其他□
② 安装地点：_____；安装内容：_____
_____
③ 安装要求：_____
_____
④ 完工时间：_____。

表 1-2-1　作业班组施工任务单

工程名称：	任务单编号：
作业班组工种：设备安装	班组负责人姓名：
施工任务及范围安排 施工任务：按照施工图纸，完成双鉴探测器的安装任务 施工范围：工业园区	
要求最迟完成时间： 7个工作日	
质量交底要求及注意事项： 设备判断正确，安装过程中不得出现损坏设备的情况；设备连接时，电缆线路应留有余量	
施工员签字： 年　月　日	班组长签字： 年　月　日

（2）查阅资料，说说双鉴探测器的使用环境.

 学习拓展

1. 双鉴探测器的原理

微波-被动红外复合探测器，是将微波和红外探测技术集中运用在一体。在控制范围内，只有两种报警技术的探测器都产生报警信号时，才输出报警信号。它既能保持微波探测器可靠性强、与热源无关的优点，又集被动红外探测器无照明和亮度要求、可昼夜运行的特点，大大降低探测器的误报率。这种复合型报警探测器的误报率是单技术微波报警器误报率的几百分之一。简单地说，就是把被动红外探测器和微波探测器做在一起，以提高探测性能，减少误报。除此之外，市场上也有把微波和主动红外探测器、振动探测器、声音探测器等组合的产品，大家可参考说明书了解。

2. 双鉴探测器的原理

被动红外探测技术以探测人体红外辐射与背景物体（墙、家具、树木、地形等）红外辐射相比较而产生的差异部分为依据。背景红外辐射量往往是微弱而稳定的。入侵者（包括各种动物在内）的红外辐射量往往比较大，可以引起报警信号。如果只用一种技术进行探测，各种动物（如狗、猫、老鼠等）及各种非动物的红外辐射源（如暖气、强灯光、太阳光等）往往也会引起警报。专门从事双技术探测器研究的科研人员，将微波探测技术和被动红外探测技术组合在一个机壳里构成一种入侵探测器。组成的这种双技术探测器，都选用了不同工作原理的两种技术组合在一起，使从工作原理上无法避免的误报警得到了抑制。因为双技术探测器要求两种技术都提供报警信息时，才提供一个触发报警信息，其中任何一种提供报警信息，都不触发报警。因此，使误报问题得到有效控制，同时也扩大了探测器的使用范围。

二、制订施工计划

学习目标

（1）能根据施工图，识读双鉴探测器的图例、符号。
（2）能查阅资料，完成双鉴探测器安装所用工具的选择。
（3）能查阅资料，填写安装时涉及的国家标准。

学习准备

《安全防范系统通用图形符号》（GA/T 74—2017）、《安全防范工程技术规范》（GB 50348—

2004)、《民用建筑电气设计规范》(JGJ 16-2008)、劳保用品。

学习过程

(1) 识读本次工程的安装施工图,查阅资料,回答下列问题。

① 施工图中有哪些设备?

② 阅读附件资料,搜集这些产品的说明书并展示。

③ 安装设备时,需要哪些工具?

④ 安装设备时,需要哪些耗材?

⑤ 小组讨论并确定施工所需的工具、耗材,填入工具及耗材清单(见表1-2-2)。

表1-2-2 工具及耗材清单

序号	名称	型号与规格	单位	数量	备注
1					
2					
3					
4					
5					
6					
7					
8					

（2）小组讨论，编写本组的施工计划（见表 1-2-3），确定计划中的重点部分，并在施工计划中标注清楚。

表 1-2-3　施工计划

施工名称		施工时间	
施工地点		项目负责人（班组长）	
施工计划内容	情况分析：		
	工作任务和要求：		
	工作的方法、步骤和措施：		
	施工验收规范：		
施工人员（签字）		项目经理（签字）	

三、安装施工

🔍 学习目标

（1）能描述双鉴探测器的使用环境。
（2）能根据需求确定双鉴探测器的安装位置。
（3）能正确使用工具、设备，完成双鉴探测器的安装。

✏️ 学习准备

安装用工具和设备资料、双鉴探测器产品说明书、作业班组施工任务单、探测器安装施工图、相关国家标准、相关行业规范、安全生产操作规程等；电动工具、冲击钻、手电钻等；通用工具：冲击钻头、扎带、胶带、热缩管、松香、各种线材等；劳保用品、安全生产警示标识。

🎓 学习过程

（1）查阅资料，写出安装设备时的操作注意事项。

（2）查阅资料，写出双鉴探测器的安装注意事项。

（3）在教师的指导下，分组完成探测器的安装，并记录安装操作的步骤及要点。
① 固定底座。

② 拆开面板安装探测器。

③ 根据端子标识接线。

④ 功能测试。

⑤ 功能调试。

四、工程验收

🔍 学习目标

（1）能按照国家标准，完成双鉴探测器安装工程的验收。
（2）能按照国家标准，在验收时指出安装工程存在的问题。

🖊 学习准备

安装施工图、《建筑电气工程施工质量验收规范》（GB 50303—2015）、探测器产品说明书、万用表等检测用工具、设备、劳保用品、安全生产警示标识。

🎓 学习过程

（1）写出检测双鉴探测器安装质量应该使用的工具与设备。

（2）在教师指导下，小组进行双鉴探测器安装质量的检测，并记录检测操作步骤及要点。

（3）小组讨论，填写设备安装验收单（见表1-2-4），并在小组间交流。

表1-2-4 设备安装验收单

设备名称		规格型号		制造编号	
安装地点		安装日期		安装负责人	
（1）设备安装及管线布置是否符合设计要求？					
（3）设备安装及整个系统的连接是否符合工艺要求？					
（4）设备安装是否便于操作与维修？					
（5）设备安装是否符合安全要求？安全防护装置是否完善？					
使用部门意见						

五、学习成果展示与汇报、评价与反馈

学习目标

（1）能规范地撰写工作总结。
（2）能采用多种形式进行成果展示。
（3）能有效地进行工作总结与经验交流。

学习准备

作业班组施工任务单、探测器安装工程施工图、图例资料、产品说明书、展示用探测器、展示用设备、劳保用品、安全生产警示标识。

小组汇报

（1）小组长检查引导问题的掌握情况，老师随机抽查。
（2）评价反馈，从多方面对工作和学习过程及成果进行评价，不仅要找到缺陷，更重要的是

要找到产生缺陷的原因,并做出相应的修正(见表 1-2-5、表 1-2-6)。
(3)小组代表进行总结性发言,提交学习成果。

表 1-2-5 职业行动评价表

评价项目	评价内容	评价标准	评价方式		
			自我评价	小组评价	教师评价
职业素养	安全意识责任意识	A 作风严谨,自觉遵章守纪,出色地完成工作任务; B 能够遵守规章制度,较好地完成工作任务; C 遵守规章制度,没完成工作任务或虽完成工作任务但未严格遵守规章制度; D 不遵守规章制度,没完成工作任务			
	学习态度主动	A 积极参与教学活动,全勤; B 缺勤达本任务总学时的 10%; C 缺勤达本任务总学时的 20%; D 缺勤达本任务总学时的 30%			
	团队合作意识	A 与同学协作融洽,团结合作意识强; B 与同学能沟通,协同工作能力较强; C 与同学能沟通,协同工作能力一般; D 与同学沟通困难,协同工作能力较差			
专业能力	活动一:勘查现场	A 按时、高质量完成调研及工作页,积极参与课堂活动,表现突出; B 按时、较好地完成工作页,积极参与课堂活动; C 没按时完成工作页,不积极参与课堂活动; D 没完成工作页,不参与课堂活动			
	活动二:施工前准备	A 按时、完整地完成工作页,问题回答正确; B 按时、完整地完成工作页,问题回答基本正确; C 未能按时完成工作页,或内容遗漏、错误较多; D 未完成工作页			
	活动三:现场施工	A 学习活动成绩为 90~100 分; B 学习活动成绩为 75~89 分; C 学习活动成绩为 60~74 分; D 学习活动成绩为 0~59 分			
	活动四:总结与评价	A 学习活动成绩为 90~100 分; B 学习活动成绩为 75~89 分; C 学习活动成绩为 60~74 分; D 学习活动成绩为 0~59 分			
创新能力		学习过程中提出具有创新性、可行性的建议	加分奖励:		
学生姓名			综合评价等级		
指导教师			日 期		

表 1-2-6　职业内容与职业能力评价表

学习任务名称：_____
班级：_____　组别：_____　姓名：_____　学号：_____

项　目	评价内容	每次课评价	活动总评
职业素养评价项目（老师与观察员评价）	不迟到、不早退、仪容仪表、工衣、工牌 评价方法：全部合格为 A，一个不合格为 B，两个不合格为 C，三个不合格为 D		
	资讯（获取有效的信息）：网络、书籍、产品资料、老师、同学、相关规范及标准、其他 评价方法：两种渠道以上的为 A，两种渠道的为 B，一种渠道的为 C，无为 D		
	团队合作意识：与同学合作交流、听取同学意见、表达自己的观念、协助制订工作计划、无独自一人发呆走神现象、无抵触或不参与、协调小组成员、参与小组讨论 评价方法：全部合格为 A，一个不合格为 B，两个不合格为 C，三个及三个以上不合格为 D		
	7S 管理意识：学习区、施工区、资讯区、仓储区 评价方法：全部合格为 A，一个不合格为 B，两个不合格为 C，三个不合格为 D		
职业能力评价项目（老师与组长评价）	当次项目工作页完成情况 评价方法：抽查引导问题，第一次成功为 A，第二次成功为 B，第三次成功为 C，第四次及以上成功的为 D		
	成果 1：_____		
	成果 2：_____		
	成果 3：_____		
	成果 4：_____		
	学习成果评价方法： 　小组抽查形式：第一次成功为 A，第二次成功为 B，第三次成功为 C，第四次及以上成功的为 D。 　个人考核形式：当次学习活动成绩 90~100 分为 A；75~89 分为 B；60~74 分为 C；0~59 分为 D		
加分项目	1. 课堂积极发言一次加 1 分； 2. 上讲台总结发言一次加 2 分； 3. 成功组织策划课件活动一次加 3 分		
加分及扣分说明			

续表

		安排的工作任务：	日期：
学习情况描述	学习活动一	实际工作内容：	评价人：
		完成情况：	
	学习活动二	安排的工作任务：	日期：
		实际工作内容：	评价人：
		完成情况：	
	学习活动三	安排的工作任务：	日期：
		实际工作内容：	评价人：
		完成情况：	
教师评价			总评成绩：

学习活动三 主动红外探测器的安装

学习目标

（1）能描述主动红外探测器的定义、主动红外探测器的探测原理。

（2）能查阅资料，完成主动红外探测器安装所用工具的选择。

（3）能根据需求确定主动红外探测器的安装位置，并正确使用工具、设备，完成主动红外探测器的安装。

（4）能按照国家标准，完成主动红外探测器安装工程的验收，并在验收时指出安装工程存在的问题。

（5）能规范地撰写工作总结，并进行成果展示与经验交流。

建议学时

16学时。

一、施工准备

学习目标

（1）能描述主动红外探测器的定义。
（2）能描述楼宇行业中用到的主动红外探测器的探测原理。
（3）能根据商标确定主动红外探测器的生产厂家。
（4）能识读主动红外探测器的图例、符号。

学习准备

作业班组施工任务单、《安全防范系统通用图形符号》（GA/T 74—2017）、劳保用品。

学习过程

（1）小组讨论，分析施工任务单的信息（见表1-3-1），填写下面内容。
① 工程类别：敷设线管□　敷设线缆□　设备安装□　设备调试□　其他□
② 安装地点：_____；安装内容：_____

_____

③ 安装要求：_____

_____

_____

④ 完工时间：_____。

表1-3-1　作业班组施工任务单

工程名称：×××工业园改造工程	任务单编号：003
作业班组工种：设备安装	班组负责人姓名：
施工任务及范围安排 施工任务：按照施工图纸，完成主动红外探测器的安装任务 施工范围：工业园区	
要求最迟完成时间： 7个工作日	
质量交底要求及注意事项： 设备判断正确，安装过程中不得出现损坏设备的情况；设备连接时，电缆线路应留有余量	
施工员签字： 年　月　日	班组长签字： 年　月　日

（2）查阅资料，说说主动红外探测器的使用环境。

学习拓展

1. 被动红外探测器的缺点

被动红外探测器虽得到了广泛的应用，但因其自身也存在一些弱点，如方向幕帘探测器的延时，这个延时既给保护对象从内部穿越探测区到外部活动更多的时间，同时在此延时内非法入侵同样也被探测器忽略，因此通常建议延时时间不要太长。方向幕帘探测器虽然具有移动方向的识别功能，但是如果探测器安装在床、沙发、桌子上面或人经常持续活动的地方时，由于温度和气流等因素的干扰可能造成误报警，因此上述位置也不适合安装方向幕帘探测器。除此之外，方向幕帘探测器本身隶属于被动红外探测器的范畴，因此被动红外探测器通常不宜安装的地方，方向幕帘探测器同样也不适合安装，如冷气机的下部、暖气和热风机的上部、气流流动较大的地方、紧贴窗帘的地方、探测区域中旋转的风扇等易引起误报警。

2. 主动红外探测器的原理

主动红外探测器是一种红外线光束遮挡型报警器，发射机中的红外发光二极管在电源的激发下，发出一束经过调制的红外光束（此光束的波长为 0.8～0.95 μm），经过光学系统的作用变成平行光发射出去。此光束被接收机接收，由接收机中的红外光电传感器把光信号转换成电信号，经过电路处理后传给报警控制器。由发射机发射出的红外线经过防范区到达接收机，构成了一条警戒线。正常情况下，接收机收到的是一个稳定的光信号，当有人入侵该警戒线时，红外光束被遮挡，接收机收到的红外信号发生变化，提取这一变化，经放大和适当处理，控制器发出报警信号。目前，此类探测器有二光束、三光束，还有多光束的红外栅栏等。

二、制订施工计划

学习目标

（1）能根据施工图，识读主动红外探测器的图例、符号。
（2）能查阅资料，完成主动红外探测器安装所用工具的选择。
（3）能查阅资料，填写安装时涉及的国家标准。

学习准备

《安全防范系统通用图形符号》（GA/T 74—2017）、《安全防范工程技术规范》（GB 50348—2004）、《民用建筑电气设计规范》（JGJ 16—2008）、劳保用品。

学习过程

（1）识读本次工程的安装施工图，查阅资料，回答下列问题。

① 施工图中有哪些设备？

② 阅读附件资料，搜集这些产品的说明书并展示。

③ 安装设备时，需要哪些工具？

④ 安装设备时，需要哪些耗材？

⑤ 小组讨论并确定施工所需的工具、耗材，填入工具及耗材清单（见表1-3-2）。

表 1-3-2 工具及耗材清单

序号	名称	型号与规格	单位	数量	备注
1					
2					
3					
4					
5					
6					
7					
8					

（2）小组讨论，编写本组的施工计划（见表1-3-3），确定计划中的重点部分，并在施工计划中标注清楚。

表 1-3-3 施工计划

施工名称		施工时间	
施工地点		项目负责人（班组长）	
施工计划内容	情况分析：		
	工作任务和要求：		
	工作的方法、步骤和措施：		
	施工验收规范：		
施工人员（签字）		项目经理（签字）	

三、安装施工

🔍 学习目标

（1）能描述主动红外探测器的使用环境。
（2）能根据需求确定主动红外探测器的安装位置。
（3）能正确使用工具、设备，完成主动红外探测器的安装。

📐 学习准备

安装用工具和设备资料、主动红外探测器产品说明书、作业班组施工任务单、探测器安装施工图、相关国家标准、相关行业规范、安全生产操作规程等；电动工具、冲击钻、手电钻等；通用工具：冲击钻头、扎带、胶带、热缩管、松香、各种线材等；劳保用品、安全生产警示标识。

🎓 学习过程

（1）查阅资料，写出安装设备时的操作注意事项。

（2）查阅资料，写出主动红外探测器的安装注意事项。

（3）在教师的指导下，分组完成探测器的安装，并记录安装操作的步骤及要点。

四、工程验收

🔍 学习目标

（1）能按照国家标准，完成主动红外探测器安装工程的验收。
（2）能按照国家标准，在验收时指出安装工程存在的问题。

🛠 学习准备

安装施工图、《建筑电气工程施工质量验收规范》（GB 50303—2015）、探测器产品说明书、万用表等检测用工具、设备、劳保用品、安全生产警示标识。

🎓 学习过程

（1）写出检测主动红外探测器安装质量应该使用的工具与设备。

（2）在教师指导下，小组进行主动红外探测器安装质量的检测，并记录检测操作步骤及要点。

（3）小组讨论，填写设备安装验收单（见表1-3-4），并在小组间交流。

表 1-3-4 设备安装验收单

设备名称		规格型号		制造编号	
安装地点		安装日期		安装负责人	
（1）设备安装及管线布置是否符合设计要求？					
（2）设备安装及整个系统的连接是否符合工艺要求？					
（3）设备安装是否便于操作与维修？					
（4）设备安装是否符合安全要求？安全防护装置是否完善？					
使用部门意见					

五、学习成果展示与汇报、评价与反馈

学习目标

（1）能规范地撰写工作总结。
（2）能采用多种形式进行成果展示。
（3）能有效地进行工作总结与经验交流。

学习准备

作业班组施工任务单、探测器安装工程施工图、图例资料、产品说明书、展示用探测器、展示用设备、劳保用品、安全生产警示标识。

小组汇报

（1）小组长检查引导问题的掌握情况，老师随机抽查；
（2）评价反馈，从多方面对工作和学习过程及成果进行评价，不仅要找到缺陷，更重要的是要找到产生缺陷的原因，并做出相应的修正（见表 1-3-5、表 1-3-6）。
（3）小组代表进行总结性发言，提交学习成果。

表 1-3-5 职业行动评价表

评价项目	评价内容	评价标准	评价方式		
			自我评价	小组评价	教师评价
职业素养	安全意识责任意识	A 作风严谨，自觉遵章守纪，出色地完成工作任务； B 能够遵守规章制度，较好地完成工作任务； C 遵守规章制度，没完成工作任务或虽完成工作任务但未严格遵守规章制度； D 不遵守规章制度，没完成工作任务			
	学习态度主动	A 积极参与教学活动，全勤； B 缺勤达本任务总学时的10%； C 缺勤达本任务总学时的20%； D 缺勤达本任务总学时的30%			
	团队合作意识	A 与同学协作融洽，团结合作意识强； B 与同学能沟通，协同工作能力较强； C 与同学能沟通，协同工作能力一般； D 与同学沟通困难，协同工作能力较差			
专业能力	活动一：勘查现场	A 按时、高质量完成调研及工作页，积极参与课堂活动，表现突出； B 按时、较好地完成工作页，积极参与课堂活动； C 没按时完成工作页，不积极参与课堂活动； D 没完成工作页，不参与课堂活动			
	活动二：施工前准备	A 按时、完整地完成工作页，问题回答正确； B 按时、完整地完成工作页，问题回答基本正确； C 未能按时完成工作页，或内容遗漏、错误较多； D 未完成工作页			
专业能力	活动三：现场施工	A 学习活动成绩为90~100分； B 学习活动成绩为75~89分； C 学习活动成绩为60~74分； D 学习活动成绩为0~59分			
	活动四：总结与评价	A 学习活动成绩为90~100分； B 学习活动成绩为75~89分； C 学习活动成绩为60~74分； D 学习活动成绩为0~59分			
创新能力		学习过程中提出具有创新性、可行性的建议	加分奖励：		
学生姓名			综合评价等级		
指导教师			日　　期		

表 1-3-6 职业内容与职业能力评价表

学习任务名称：_____

班级：_____ 组别：_____ 姓名：_____ 学号：_____

项 目	评价内容	每次课评价	活动总评
职业素养评价项目（老师与观察员评价）	不迟到、不早退、仪容仪表、工衣、工牌 评价方法：全部合格为 A，一个不合格为 B，两个不合格为 C，三个不合格为 D		
	资讯（获取有效的信息）：网络、书籍、产品资料、老师、同学、相关规范及标准、其他 评价方法：两种渠道以上的为 A，两种渠道的为 B，一种渠道的为 C，无为 D		
	团队合作意识：与同学合作交流、听取同学意见、表达自己的观念、协助制订工作计划、无独自一人发呆走神现象、无抵触或不参与、协调小组成员、参与小组讨论 评价方法：全部合格为 A，一个不合格为 B，两个不合格为 C，三个及三个以上不合格为 D		
	7S 管理意识：学习区、施工区、资讯区、仓储区 评价方法：全部合格为 A，一个不合格为 B，两个不合格为 C，三个不合格为 D		
职业能力评价项目（老师与组长评价）	当次项目工作页完成情况 评价方法：抽查引导问题，第一次成功为 A，第二次成功为 B，第三次成功为 C，第四次及以上成功的为 D		
职业能力评价项目（老师与组长评价）	成果 1：_____		
	成果 2：_____		
	成果 3：_____		
	成果 4：_____		
	学习成果评价方法： 　小组抽查形式：第一次成功为 A，第二次成功为 B，第三次成功为 C，第四次及以上成功的为 D。 　个人考核形式：当次学习活动成绩 90~100 分为 A；75~89 分为 B；60~74 分为 C；0~59 分为 D		
加分项目	1. 课堂积极发言一次加 1 分； 2. 上讲台总结发言一次加 2 分； 3. 成功组织策划课件活动一次加 3 分		
加分及扣分说明			

续表

学习情况描述	学习活动一	安排的工作任务：	日期： 评价人：
		实际工作内容：	
		完成情况：	
	学习活动二	安排的工作任务：	日期： 评价人：
		实际工作内容：	
		完成情况：	
	学习活动三	安排的工作任务：	日期： 评价人：
		实际工作内容：	
		完成情况：	
教师评价			总评成绩：

学习活动四　感烟/感温探测器的安装

学习目标

（1）能描述感烟/感温探测器的定义、感烟/感温探测器的探测原理。
（2）能查阅资料，完成感烟/感温探测器安装所用工具的选择。
（3）能根据需求确定感烟/感温探测器的安装位置，并正确使用工具、设备，完成感烟/感温探测器的安装。
（4）能按照国家标准，完成感烟/感温探测器安装工程的验收，并在验收时指出安装工程存在的问题。
（5）能规范地撰写工作总结，并进行成果展示与经验交流。

建议学时

16学时。

一、施工准备

学习目标

（1）能描述感烟/感温探测器的定义。
（2）能描述楼宇行业中用到的感烟/感温探测器的探测原理。
（3）能根据商标确定感烟/感温探测器的生产厂家。
（4）能识读感烟/感温探测器的图例、符号。

学习准备

作业班组施工任务单、《安全防范系统通用图形符号》（GA.T 74—2017）、劳保用品。

学习过程

（1）小组讨论，分析施工任务单的信息（见表1-4-1），填写下面内容。
　①工程类别：敷设线管□　　敷设线缆□　　设备安装□　　设备调试□　　其他□
　②安装地点：_____；安装内容：_____
_____
　③安装要求：_____
_____
_____

④ 完工时间：_____。

表 1-4-1　作业班组施工任务单

工程名称：		任务单编号：	
作业班组工种：设备安装		班组负责人姓名：	
施工任务及范围安排 施工任务：按照施工图纸，完成感烟/感温探测器的安装任务 施工范围：工业园区			
要求最迟完成时间： 7 个工作日			
质量交底要求及注意事项： 设备判断正确，安装过程中不得出现损坏设备的情况；设备连接时，电缆线路应留有余量			
施工员签字： 年　　月　　日		班组长签字： 年　　月　　日	

（2）查阅资料，说说感烟/感温探测器的使用环境。

学习拓展

感温探测器

感烟探测器

二、制订施工计划

学习目标

（1）能根据施工图，识读感烟/感温探测器的图例、符号。
（2）能查阅资料，完成感烟/感温探测器安装所用工具的选择。
（3）能查阅资料，填写安装时涉及的国家标准。

学习准备

《安全防范系统通用图形符号》(GA/T 74—2017)、《安全防范工程技术规范》(GB 50348—2004)、《民用建筑电气设计规范》(JGJ 16—2008)、劳保用品。

学习过程

(1) 识读本次工程的安装施工图,查阅资料,回答下列问题。

① 标注表1-4-2中的图形符号。

表1-4-2 图形符号标注

序　号	图形符号	名　称
1		
2		
3		

② 阅读附件资料,搜集这些产品的说明书并展示。

③ 安装设备时,需要哪些工具?

④ 安装设备时,需要哪些耗材?

⑤ 小组讨论并确定施工所需的工具、耗材,填入工具及耗材清单(见表1-4-3)。

表 1-4-3　工具及耗材清单

序号	名称	型号与规格	单位	数量	备注
1					
2					
3					
4					
5					
6					
7					
8					

（2）小组讨论，编写本组的施工计划（见表 1-4-4），确定计划中的重点部分，并在施工计划中标注清楚。

表 1-4-4　施工计划

施工名称		施工时间	
施工地点		项目负责人（班组长）	
施工计划内容	情况分析：		
	工作任务和要求：		
	工作的方法、步骤和措施：		

续表

施工计划内容	施工验收规范：		
施工人员（签字）		项目经理（签字）	

（3）感烟/感温探测器有不同的分类方法。例如，按照探测原理，感烟探测器可以分为离子感烟探测器、光电感烟探测器。查阅资料，列出入侵探测器的常见分类标准及具体种类（见表1-4-5）。

表1-4-5　入侵探测器的常见分类标准及具体种类

序号	分类标准	种类
1	按用途或使用场所的不同分类	
2	按_____的不同分类	
3	按_____分类	
4	按_____分类	

学习拓展

火灾报警设备常用图例

三、安装施工

🔍 学习目标

（1）能描述感烟/感温探测器的使用环境。
（2）能根据需求确定感烟/感温探测器的安装位置。
（3）能正确使用工具、设备，完成感烟/感温探测器的安装。

🛠 学习准备

安装用工具和设备资料、感烟/感温探测器产品说明书、作业班组施工任务单、探测器安装施工图、相关国家标准、相关行业规范、安全生产操作规程等；电动工具、冲击钻、手电钻等；通用工具：冲击钻头、扎带、胶带、热缩管、松香、各种线材等；劳保用品、安全生产警示标识。

🎓 学习过程

（1）查阅资料，写出安装设备时的操作注意事项。

（2）查阅资料，写出感烟/感温探测器的安装注意事项。

（3）在教师的指导下，分组完成探测器的安装，并记录安装操作的步骤及要点。

四、工程验收

🔍 学习目标

（1）能按照国家标准，完成感烟/感温探测器安装工程的验收。
（2）能按照国家标准，在验收时指出安装工程存在的问题。

🛠 学习准备

安装施工图、《建筑电气工程施工质量验收规范》（GB 50303—2015）、探测器产品说明书；万用表等检测用工具、设备、劳保用品、安全生产警示标识。

🎓 学习过程

（1）写出检测感烟/感温探测器安装质量应该使用的工具与设备。

（2）在教师指导下，小组进行感烟/感温探测器安装质量的检测，并记录检测操作步骤及要点。

（3）小组讨论，填写设备安装验收单（见表1-4-6），并在小组间交流。

表 1-4-6 设备安装验收单

设备名称		规格型号		制造编号	
安装地点		安装日期		安装负责人	
（1）设备安装及管线布置是否符合设计要求？					
（2）设备安装及整个系统的连接是否符合工艺要求？					
（3）设备安装是否便于操作与维修？					
（4）设备安装是否符合安全要求？安全防护装置是否完善？					
使用部门意见					

五、学习成果展示与汇报、评价与反馈

学习目标

（1）能规范地撰写工作总结。
（2）能采用多种形式进行成果展示。
（3）能有效地进行工作总结与经验交流。

学习准备

作业班组施工任务单、探测器安装工程施工图、图例资料、产品说明书、展示用探测器、展示用设备、劳保用品、安全生产警示标识。

小组汇报

（1）小组长检查引导问题的掌握情况，老师随机抽查。
（2）评价反馈，从多方面对工作和学习过程及成果进行评价，不仅要找到缺陷，更重要的是要找到产生缺陷的原因，并做出相应的修正（见表1-4-7、表1-4-8）。
（3）小组代表进行总结性发言，提交学习成果。

表 1-4-7 职业行动评价表

评价项目	评价内容	评价标准	评价方式		
			自我评价	小组评价	教师评价
职业素养	安全意识 责任意识	A 作风严谨，自觉遵章守纪，出色地完成工作任务； B 能够遵守规章制度，较好地完成工作任务； C 遵守规章制度，没完成工作任务或虽完成工作任务但未严格遵守规章制度； D 不遵守规章制度，没完成工作任务			
	学习态度 主动	A 积极参与教学活动，全勤； B 缺勤达本任务总学时的 10%； C 缺勤达本任务总学时的 20%； D 缺勤达本任务总学时的 30%			
	团队合作意识	A 与同学协作融洽，团结合作意识强； B 与同学能沟通，协同工作能力较强； C 与同学能沟通，协同工作能力一般； D 与同学沟通困难，协同工作能力较差			
专业能力	活动一：勘查现场	A 按时、高质量完成调研及工作页，积极参与课堂活动，表现突出； B 按时、较好地完成工作页，积极参与课堂活动； C 没按时完成工作页，不积极参与课堂活动； D 没完成工作页，不参与课堂活动			
	活动二：施工前准备	A 按时、完整地完成工作页，问题回答正确； B 按时、完整地完成工作页，问题回答基本正确； C 未能按时完成工作页，或内容遗漏、错误较多； D 未完成工作页			
	活动三：现场施工	A 学习活动成绩为 90~100 分； B 学习活动成绩为 75~89 分； C 学习活动成绩为 60~74 分； D 学习活动成绩为 0~59 分			
	活动四：总结与评价	A 学习活动成绩为 90~100 分； B 学习活动成绩为 75~89 分； C 学习活动成绩为 60~74 分； D 学习活动成绩为 0~59 分			
创新能力		学习过程中提出具有创新性、可行性的建议	加分奖励：		
学生姓名			综合评价等级		
指导教师			日期		

表1-4-8 职业内容与职业能力评价表

学习任务名称：_____

班级：_____ 组别：_____ 姓名：_____ 学号：_____

项目	评价内容	每次课评价					活动总评
职业素养评价项目（老师与观察员评价）	不迟到、不早退、仪容仪表、工衣、工牌 评价方法：全部合格为A，一个不合格为B，两个不合格为C，三个不合格为D						
	资讯（获取有效的信息）：网络、书籍、产品资料、老师、同学、相关规范及标准、其他 评价方法：两种渠道以上的为A，两种渠道的为B，一种渠道的为C，无为D						
	团队合作意识：与同学合作交流、听取同学意见、表达自己的观念、协助制订工作计划、无独自一人发呆走神现象、无抵触或不参与、协调小组成员、参与小组讨论 评价方法：全部合格为A，一个不合格为B，两个不合格为C，三个及三个以上不合格为D						
	7S管理意识：学习区、施工区、资讯区、仓储区 评价方法：全部合格为A，一个不合格为B，两个不合格为C，三个不合格为D						
职业能力评价项目（老师与组长评价）	当次项目工作页完成情况 评价方法：抽查引导问题，第一次成功为A，第二次成功为B，第三次成功为C，第四次及以上成功的为D						
	成果1：_____						
	成果2：_____						
	成果3：_____						
	成果4：_____						
	学习成果评价方法： 　小组抽查形式：第一次成功为A，第二次成功为B，第三次成功为C，第四次及以上成功的为D。 　个人考核形式：当次学习活动成绩90~100分为A；75~89分为B；60~74分为C；0~59分为D						
加分项目	1. 课堂积极发言一次加1分； 2. 上讲台总结发言一次加2分； 3. 成功组织策划课件活动一次加3分						
加分及扣分说明							

续表

学习情况描述	学习活动一	安排的工作任务：	日期：
		实际工作内容：	评价人：
		完成情况：	
	学习活动二	安排的工作任务：	日期：
		实际工作内容：	评价人：
		完成情况：	
	学习活动三	安排的工作任务：	日期：
		实际工作内容：	评价人：
		完成情况：	
教师评价			总评成绩：

学习任务二 摄像机的安装

【学习目标】

（1）能按照施工文件，识读施工图，正确标注施工位置。
（2）经过小组讨论，能制订施工计划，完成施工任务的分配。
（3）能按照施工文件，选择合适的摄像机、镜头及附件。
（4）能按照施工规范，完成摄像机、镜头及附件（防护罩、支架）的安装。
（5）能根据完成的工作内容进行质量反馈与评价。
（6）能执行现场7S的工作管理。
（7）能按照工作要求，执行本岗位工作流程，并能规范填写工作记录。
（8）能按照工作要求，执行本岗位工作流程，规范编写工作总结，并交流。

【建议学时】

56学时。

【任务描述】

某院校需要对教学楼层进行改造，因安全需要将安装一批监控摄像机。摄像机的安装施工图已经完成，需要选择合适的摄像机，然后根据施工图在施工现场确定摄像机的安装位置，完成摄像机的安装、测试。施工任务单（工程部）见表2-0-1。

表2-0-1 施工任务单（工程部）

工程名称：　　　　　　　　　　　任务单编号：

作业班组：工程技术部	项目负责人：
施工任务及范围安排： 施工任务：按照施工图，完成实验室各阶段摄像机的安装任务 施工范围：教学楼	
施工时间：	
质量交底要求及注意事项： （1）按照国家规范正确安装设备； （2）安装过程中不得出现损坏设备的情况； （3）设备连接时，电缆线路应留有余量； （4）严格按照施工规范进行安全施工	
施工员签字： 年　月　日	班组长签字： 年　月　日

学习活动一　半球摄像机的安装

学习目标

（1）识读施工任务单，了解与施工任务有关的信息。
（2）能描述摄像机的定义。
（3）能描述楼宇行业中用到的摄像机类型。
（4）能根据相关资料（产品说明书、安装规范、施工图等）写出半球摄像机的安装步骤及其安装技术要求，并认知半球摄像机接线端口的意义。
（5）能识读摄像机的图例、符号。
（6）能根据施工图及系统图选择设备、材料及工具。
（7）能描述半球摄像机的安装方法。
（8）能描述安装半球摄像机时的操作注意事项。
（9）能按照国家标准，完成设备安装的验收。
（10）能规范地撰写工作总结。

建议学时

24学时。

一、施工准备

学习目标

（1）识读施工任务单，了解与施工任务有关的信息。
（2）能描述摄像机的定义。
（3）能描述楼宇行业中用到的摄像机类型。

学习准备

作业班组施工任务单。
学习资源：互联网资源、专业书籍、学习资料等。
行业技术规范与标准：
《全国住宅小区智能化系统示范工程建设要点与技术导则》；
《智能建筑设计标准》（GB/T50314—2015）；
《商业建筑物综合布线系统国际标准》（ISO/IEC 11801）；
《商业建筑物综合布线系统美国标准》（EIA/TIA 568B）；
《安全防范系统通用图形符号》（GA/T 74—2017）；
《防盗报警控制器通用技术条件》（GB 12663—2001）；

《建筑物防雷设计规范》(GB 50057—2010)。

系统资料：安防系统施工方案、产品说明书。

学习过程

（1）小组讨论，分析施工任务单的信息（见表 2-1-1），填写下面内容。

① 工程类别：敷设线管□　敷设线缆□　设备安装□　设备调试□　其他□

② 安装地点：_____；安装内容：_____

_____

③ 安装要求：_____

_____

_____

④ 完工时间：_____。

表 2-1-1　作业班组施工任务单

工程名称：	任务单编号：
作业班组工种：设备安装	班组负责人姓名：
施工任务及范围安排 施工任务：按照施工图纸，完成半球摄像机的安装任务 施工范围：工业园区	
要求最迟完成时间： 7个工作日	
质量交底要求及注意事项： 设备判断正确，安装过程中不得出现损坏设备的情况；设备连接时，电缆线路应留有余量	
施工员签字： 年　月　日	班组长签字： 年　月　日

（2）查阅资料，说说半球摄像机的使用环境。

二、制订施工计划

学习目标

（1）能根据相关资料（产品说明书、安装规范、施工图等）写出半球摄像机的安装步骤及其安装技术要求，并认知半球摄像机接线端口的意义。

（2）能识读摄像机的图例、符号。

（3）能根据施工图及系统图选择设备、材料及工具。

学习过程

（1）识读本次工程的安装施工图，查阅资料，回答下列问题。

① 表 2-1-2 中所列为常用摄像机的图例符号，填写它们的名称。

表 2-1-2 常用摄像机的图例

序号	图例	名称
1		
2		
3		
4		
5		
6		
7		

② 安装摄像机设备时，需要哪些工具？

③ 安装摄像机设备时，需要哪些耗材？

④ 小组讨论并确定施工所需的工具、耗材，填入工具及耗材清单（见表 2-1-3）。

表 2-1-3 工具及耗材清单

序号	名称	型号与规格	单位	数量	备注
1					
2					
3					
4					
5					
6					
7					
8					

（2）小组讨论，编写本组的施工计划（见表 2-1-4），确定计划中的重点部分，并在施工计划中标注清楚。

表 2-1-4 施工计划

施工名称		施工时间	
施工地点		项目负责人（班组长）	
施工计划内容	情况分析：		
	工作任务和要求：		
	工作的方法、步骤和措施：		
	施工验收规范：		
施工人员（签字）		项目经理（签字）	

 学习拓展

半球摄像机

💡 小提示

摄像机的常用名词术语：

1. 光圈（IRIS）

光圈大，则进入摄像机的光通量（即发光强度为 1 的光源在立体角元内发出的光）大，图像亮。光圈减小时，进入摄像机的光通量小，图像暗。可根据观测的需要，通过改变光圈的大小调整显示画面图像的明亮程度。

2. 聚焦（FOCUS）

对摄像机观测图像进行聚焦。聚焦近时，对近处观测目标聚焦；聚焦远时，对远处观测目标聚焦。

3. 变焦（ZOOM）

改变镜头焦距的大小，也称"变倍"。变焦小时，焦距短，视场角大；变焦大时，焦距变长，视场角变小。

4. 图像传感器（CCD）

它是一种半导体器件，能够把光学影像转化为数字信号。CCD 上植入的微小光敏物质称作像素。一块 CCD 上包含的像素数越多，其提供的画面分辨率也就越高。

5. CCD 靶面尺寸

CCD 靶面尺寸即这个图像传感器的感光部分的大小，一般用英寸来表示，与电视机一样，通常这个数据指的是这个图像传感器的对角长度。

6. 信噪比（SNR）

它又称为讯噪比，反应摄像机成像的抗干扰能力，反映在画质上就是画面是否干净，无噪点。

三、安装施工

🔍 学习目标

（1）能描述半球摄像机的安装方法。

（2）能描述安装半球摄像机时的操作注意事项。
（3）能完成半球摄像机的安装。

学习准备

施工规范、施工任务单、施工图、图例资料、摄像机产品说明书、云台使用说明书；冲击钻、手电钻、锤子、扳手、盒尺、测电笔、斜口钳、旋具、剥线钳、万用表、梯子、防水（绝缘）胶带、膨胀螺钉、自攻螺钉等；劳保用品、安全生产警示标识。

学习过程

（1）在表 2-1-5 中列出安装施工中需要用到的摄像机产品的主要信息。

表 2-1-5　摄像机产品的主要信息

序号	摄像机名称	型号	生产厂家	产品报价	数量

（2）半球摄像机的安装。

① 根据所配置的摄像机，填写表 2-1-6 中摄像机的规格。

表 2-1-6　摄像机的规格

品牌、型号	
成像元件	
有效像素	
解析度	
最低照度	
信噪比	
自动电子快门	
Gamma 补偿	
同步系统	
自动增益控制	
背光补偿	
镜头可选	
视频输出	
整机功耗	
电源要求	
操作温度	
外形尺寸	

② 半球摄像机的主要特性有哪些？（不少于 6 点）

③ 半球摄像机的安装使用注意事项有哪些？（不少于 5 条）

④ 填写半球摄像机的各部分名称（见图 2-1-1）。

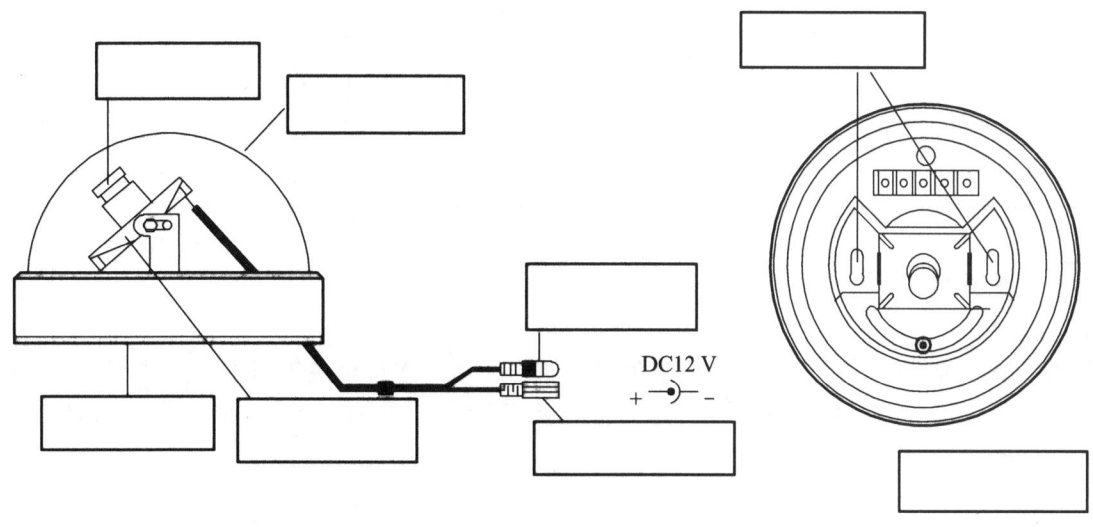

图 2-1-1　半球摄像机的组成

⑤ 小组讨论，查阅资料，简述半球摄像机的安装及操作说明（用"PPT 或 Word 文档"在各组间展示和交流，将总结出的安装操作步骤写在本题下面）。

⑥ 按照施工图，在教师指导下，以小组为单位，完成半球摄像机的安装。

 小提示

在安装半球摄像机前一定要核查安装空间、安装地点的构造强度。确认安装地点有容纳本产品及其安装结构件的足够空间。确认安装半球摄像机的天花板、墙壁、支架的承载能力必须能支撑半球摄像机及其安装结构件的总质量，要求具有4倍的安全系数。

线缆传输是视频监控系统中重要的组成部分之一，线缆的质量、型号、线径、距离等都决定着视频信号传输的质量。因此，在摄像机安装前就要考虑摄像机的安装位置、环境及与控制中心的距离等情况，保证信号传输的质量。

根据以下电源线、视频线、控制线的要求和参数，结合监控摄像机安装工程施工图中半球摄像机的安装位置，综合所有信息，选择本次要安装摄像机所使用的电源线、视频线、控制线的型号、规格、可传输距离等内容，并填写在表2-1-7中。

表2-1-7 线缆参数

线路名称	型号规格	可传输距离	施工所需长度

学习拓展

在选择线缆传输时，一定要考虑传输距离、使用环境、连接设备等因素。当使用线缆较细时，或者在电磁干扰较强的环境使用，或者总线上连接有较多的设备时，最大传输距离相应缩短；反之，最大距离加长。

1. 电源线可达距离和线材要求

一般的电源线都存在一定的线阻，在传送电压时有内在损失，电源线越长，线径越小，损失就越严重。为了避免传输线损失引起电压不足而造成半球摄像机不能正常工作，在布线时请参照表2-1-8所示的线径和距离要求。

表2-1-8 线径和距离要求

电源线线径	0.5 mm（20#）	1.0 mm（18#）	1.5 mm（16#）	2.5 mm（14#）
半球摄像机距离	11 m（37 ft）	18 m（60 ft）	29 m（95 ft）	46 m（152 ft）

例：有一个半球摄像机，离供电电源的距离为35 m，必须采用截面面积为2.5 mm²以上铜芯的电源传送线，否则可能引起半球摄像机供电不足，而无法正常工作。

2. 视频电缆可达距离和线材的要求

与电源线一样，视频电缆也有相应的内在损失，电缆越长及规格越小，损失就越严重，信号的频率越高，损失也越明显。表 2-1-9 列出了常用的视频电缆型号及这种电缆所能传输视频信号的最长参考距离。

表 2-1-9 视频电缆型号及最长传输参考距离

视频电缆型号	最长传输参考距离/m	视频电缆型号	最长传输参考距离/m
75-2	约 150	75-5	约 370
75-3	约 200	75-7	约 500
75-4	约 270	75-9	约 680

3. 控制信号

控制信号线也叫 PTZ/云台控制线、RS-485 控制线或数据信号线。

根据 RS485 工业总线标准，RS485 工业总线为特性阻抗 120 Ω 的半双工通信总线，其最大负载能力为 32 个有效负载。

RS485 总线传输距离（工业标准）：当使用 0.56 mm（24AWG）双绞线作为通信电缆时，根据波特率的不同，最大传输距离理论值见表 2-1-10。

表 2-1-10 波特率与最大传输距离的关系

波特率	最大传输距离	波特率	最大传输距离
2 400 bit/s	1 800 m	9 600 bit/s	800 m
4 800 bit/s	1 200 m	19 200 bit/s	600 m

RS485 总线线路控制在 1 200 m 以内，并根据不同的距离选用不同的线缆，其对比如表 2-1-11 所示。

表 2-1-11 最大传输距离与敷设线缆线径的关系

最大传输距离	敷设线缆线径	线缆型号
600 m	0.5 mm	RVVP2×0.5 mm
800 m	0.75 mm	RVVP2×0.75 mm
1 000 m	1.0 mm	RVVP2×1.0 mm
1 200 m	1.5 mm	RVVP2×1.5 mm

注：同一型号的电缆线会因生产厂家的不同而有所区别，以上表格所示为一般电缆的传输参考距离。

4. 安装方式

半球摄像机的安装方式共有 8 种，即嵌入式、吸顶式、壁挂式、角装式、柱装式、粗杆吊装、无杆吊装、细杆吊装。最为常用的有吸顶式和壁挂式两种，摄像机的安装方式取决于所要求的安装位置。查阅资料，参照吸顶式球机的安装操作图示，写出其安装操作步骤，并在教师指导下，完成其安装。

（1）吸顶式球机的安装（见表 2-1-12）。

表 2-1-12 吸顶式球机的安装

序号	操作步骤	操作内容	图示
1	拆分外罩	安装条件： 吸顶式球机用于室内环境的硬质天花板结构。 天花板的厚度应足够安装_____。 天花板至少能承受____倍球机的质量	
		（1）拆分吸顶座下罩。 打开包装，取出外罩，如右图所示。 先将吸顶座与下罩向_____的方向旋转，听到开扣声后，用手_____下罩扣位，使吸顶座与下罩分离	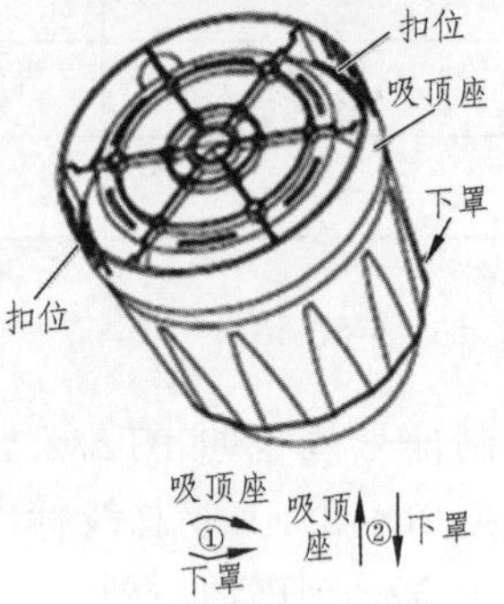
		（2）拆分连接组件。 如右图所示，首先松开翻板上的_____，打开翻板。 然后拧开 3 个_____，使机芯连接组件与吸顶座分离	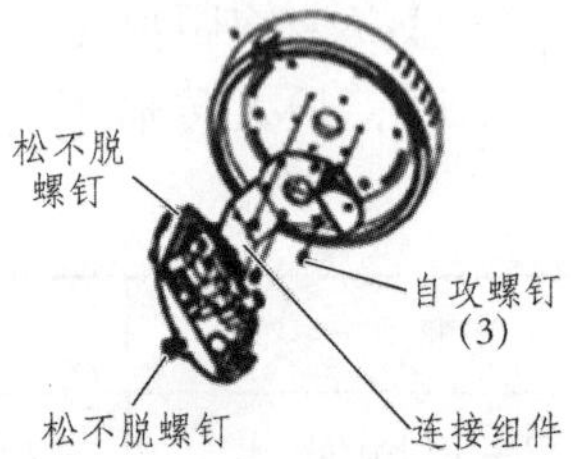
2	安装吸顶座	吸顶式球机的出线方式： 有两种：从吸顶座的_____出线；从吸顶座的_____出线	
		（1）确定_____位置和_____方式，以____为模板，在天花板上定出打孔位置并打孔，如右图所示	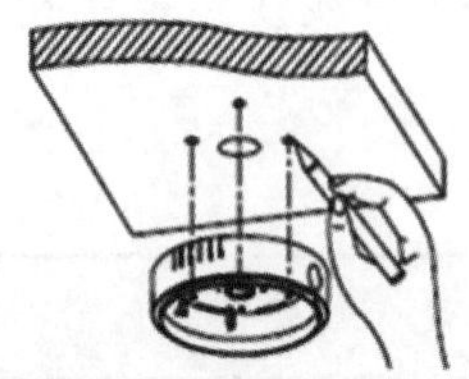
		（2）将_____、_____/_____、_____电缆引入吸顶式球机连接座组件内，如右图所示（以从吸顶座中心孔出线为例）	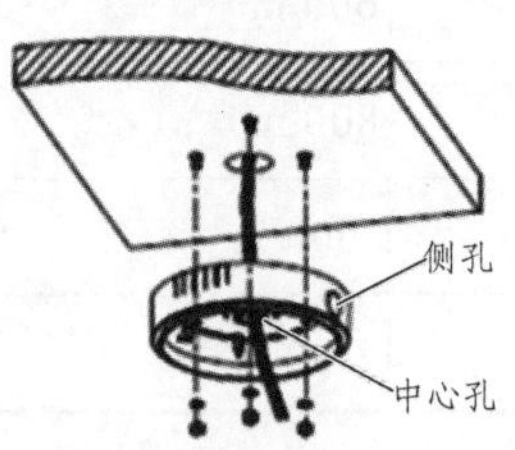
		（3）如右图所示，把_____、_____/_____、_____电缆的插头分别连接入翻板组件，并用 3 个 M10×4 mm 螺钉拧紧，将翻板下吸顶座固定	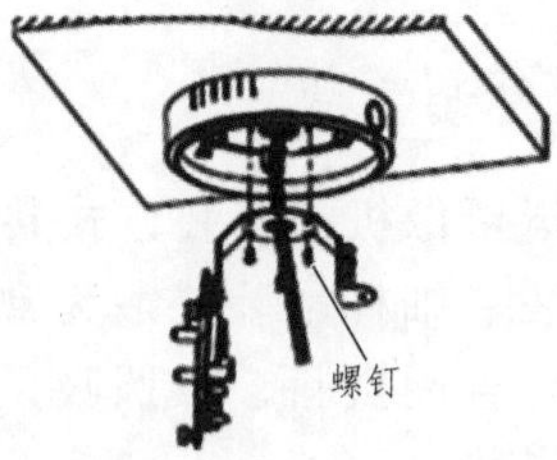

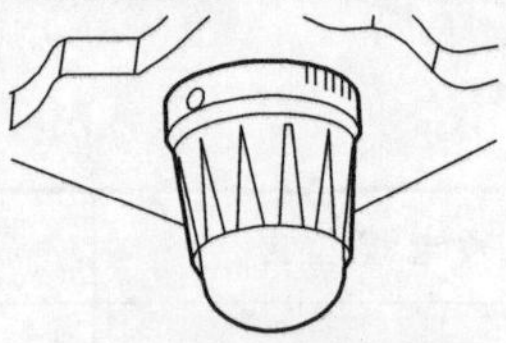

续表

序号	操作步骤	操作内容	图　示
3	连接电缆	如右图所示，分别将电源、视频/控制、报警电缆的插头插入_____上的相应插座中。 电路插接完毕后，____检查。转接板上的红色 LED 应____。如果 LED 灯____亮，按照故障排除表排除故障。 注意：连接电缆时必须确认电路已_____；合上翻板后必需拧紧_____	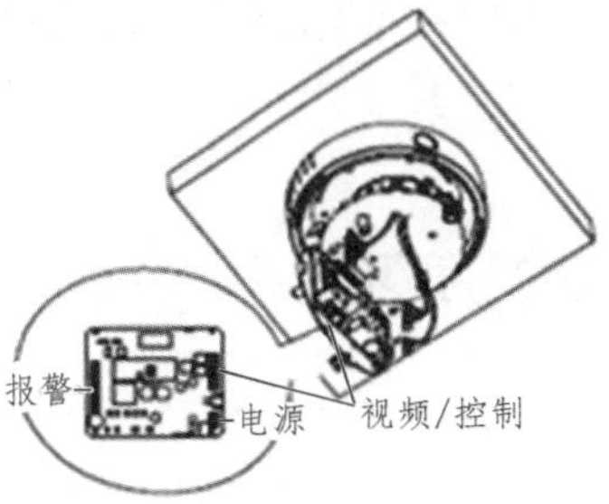
4	安装机芯	（1）将机芯和内罩从包装箱中取出，并取下海绵垫。检查机芯有无_____和_____，然后根据"附录表"，将_____SW2、SW1 分别设置球机的_____、_____以及球机_____（也可在安装下罩前，取下内罩进行设置，再装好内罩）	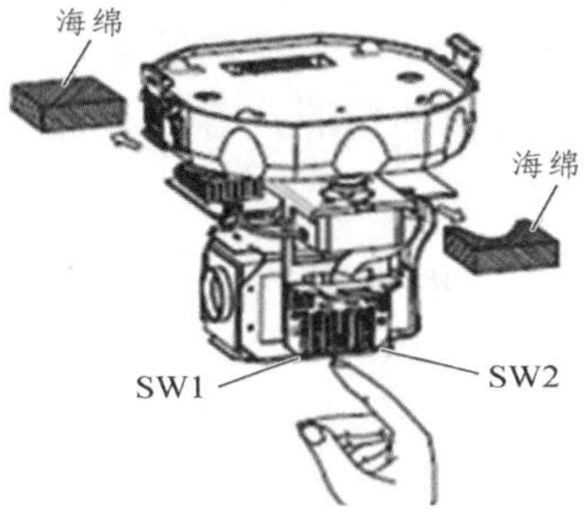
		（2）用手托住_____，把其侧面的_____插座对准吸顶座中的_____插座，左右两侧的_____对正吸顶座中的_____处，向上推入。在听到两声清脆的合扣碰击之声后，方可确信安装到位。 注意：两个扣位在同时推入的情况下，往往只能听见一声扣碰击之声。为安全起见，可以将机芯轻微倾斜，使一处扣位先于另一处扣位合扣。这样会有明显的两次合扣之声，同时所用力也会减轻	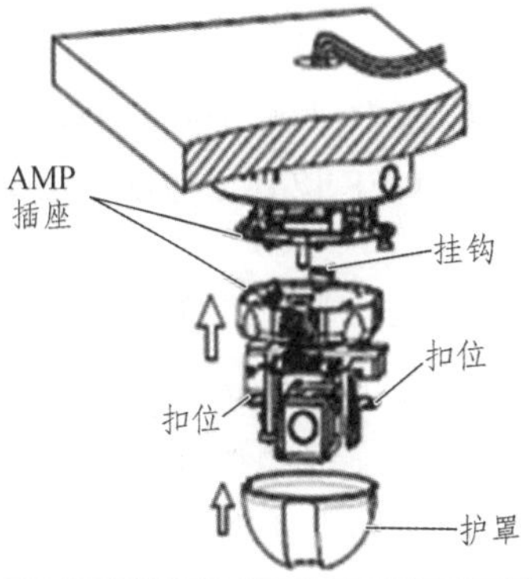
5	安装护罩	如右图所示，将下罩的 2 个____对正吸顶座_____的宽阔部分，向上推入，然后按图示方向旋转下罩，下罩的两扣耳完全扣合在吸顶座扣位的狭窄部分，同时会听到清脆的合扣声。 装配完成后，用手轻拉下罩，检查装配的可靠性	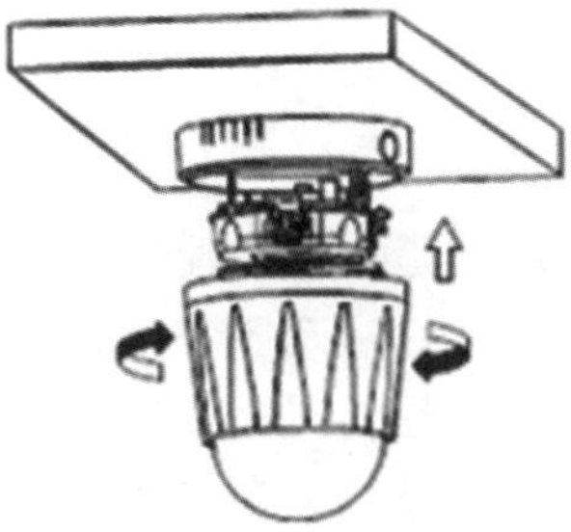

（2）在掌握吸顶式球机的安装步骤的基础上，查阅资料，简述壁挂式球机的安装步骤。小组内讨论和交流，然后推荐代表以 PPT 或 Word 文档的形式进行组间展示盒交流，并将全班共同总结的壁挂式球机的安装步骤记录在下面。

四、工程验收

学习目标

（1）能自觉按照国家标准，完成设备安装的验收。
（2）能在组内检查的时候，按照国家标准，找出存在的问题。

学习准备

摄像机安装施工图、摄像机相关资料、《智能建筑工程质量验收规范》(GB 50339—2013);检验设备和工具、用具;劳保用品、安全生产警示标识。

学习过程

(1)查阅《智能建筑工程质量验收规范》(GB 50339—2013)中安全防范系统检测、监控与管理系统检测的主控项目和一般项目内容,简要列出摄像机验收主要有哪些方面的内容。

(2)根据《智能建筑工程质量验收规范》(GB 50339—2013)中安全防范系统检测、监控与管理系统检测的验收内容,在教师的指导下,以小组为单位,完成摄像机安装工程的验收。

小提示

摄像机故障常见问题:

1. 红外半球摄像机彩色失真、偏色

可能是白平衡开关(AWB)设置不当,也可能是环境光照条件变化太大,此时应检查开关设置是否在 OFF 位置,应想办法改善环境的光照条件。

2. 夜视型红外半球摄像机白天图像正常,夜间发白

此现象一般因机器使用环境有反射物或在范围很小的空间使用,因红外光反射导致。解决此现象首先应确定使用环境是否有反射物,尽可能改善使用环境;其次检查机器的有效红外距离与实际使用距离是否相应,若一台长距离红外机器在很小的空间使用,会因红外光过强导致机器图像发白。

3. 红外半球摄像机晚上出现图像照度差、发白或有亮白色光圈现象

该现象是机器装配不当导致的,装配时感光器件(光敏电阻)离红外半球摄像机距离过远,会导致红外灯启动不完全,造成机器夜间照度差;出现图像发白或亮白色光圈现象主要因红外发光管发出的红外光通过球罩折射到镜头所致。解决此问题需要避免红外光折射到镜头表面,通常采用海绵圈进行镜头与红外光的隔离,在装配时一定要将球罩紧贴海绵圈。

4. 画面出现几道黑色竖条或横条混动

这种情况一般是机器供电电源输出电压的波纹太大,应加强滤波并采用性能好的直流稳压电源。

5. 防水和散热效果不理想

用的时间长了之后,摄像机里面或多或少会出现水汽(此现象主要集中在北方地区),造成这种现象的原因主要是出在外壳的密封效果不够和当时装机时没有考虑到温差。当红外灯开始工作时,会产生大量的热量,同时由于外壳的散热效果不够,这样就会大大降低摄像机的使用寿命。要解决这个问题,可以考虑把红外半球摄像机的外壳做成多条线槽构成,这样有利于散热。

6. 白天色彩还原不够

红外半球摄像机的色彩在白天都会或多或少地偏色，这个最直接的原因是摄像机滤光片的问题，一般红外半球摄像机使用能透过一定比例红外光线的双峰滤光片，其优点是成本低，但由于自然光线中含有较多的红外成分，当其进入 CCD 后会干扰色彩还原，比如绿色植物变成灰白等（有阳光的市外环境尤其明显）。IRCUT 双滤光片的使用就有效地解决了这个问题，IRCUT 双滤光片由一个红外截止滤光片和一个全光谱光学玻璃构成，当白天的光线充分时，红外截止滤光片工作，CCD 还原出真实色彩；当夜间光线不足时，红外截止滤光片自动移开，全光谱光学玻璃开始工作，使 CCD 充分利用所有光线，从而大大提高红外性能。

7. 红外半球摄像机无图像

首先检查外加电源极性是否正确，输出电压是否满足要求[电源误差：DC12 V×（1±10%），AC24 V×（1±5%）]，其次检查视频连接线是否接触良好。若是使用手动光圈镜头，需检查光圈是否打开；若使用自动光圈镜头，则需要调节 LEVEL 电位器使光圈在合适位置。

8. 红外半球摄像机图像质量不好

① 检查镜头是否有指纹或太脏；
② 检查光圈有否调好；
③ 检查视频电缆接触是否不良；
④ 检查电子快门或白平衡设置有无问题；
⑤ 检查传输距离是否太远；
⑥ 检查电压是否正常；
⑦ 检查附近是否存在干扰源；
⑧ 在电梯里安装时，要与电梯保证绝缘，以免受到干扰；
⑨ 检查 CS 接口是否接对。

9. 红外半球摄像机图像出现扭曲或几何失真

这种现象可能是红外半球摄像机、监视器的几何校正电路有问题或光学镜头的问题，也有可能是视频连接线缆或设备的特征阻抗与红外半球摄像机的输出阻抗不匹配。

当出现以上现象时，请先检查所用光学镜头是否异常及监视器的输入阻抗开关是否设置在 75 Ω 端，其次再检查所用视频连接线缆阻抗是否是 75 Ω。

填写设备安装竣工验收单（见表 2-1-13）。

表 2-1-13　设备安装竣工验收单

序号	设备名称	检测内容	存在的问题	检验结果	
				合格	不合格
检测机构项目负责人：			检测结论：		
检测人员签字：				检测日期：	

注：在检测结果栏，按实际情况在相应空格内打"√"。

五、学习成果展示与汇报、评价与反馈

学习目标

（1）能规范地撰写工作总结。
（2）能采用多种形式进行成果展示。
（3）能有效地进行工作总结与经验交流。

学习准备

作业班组施工任务单、探测器安装工程施工图、图例资料、产品说明书、展示用探测器、展示用设备、劳保用品、安全生产警示标识。

小组汇报

（1）小组长检查引导问题的掌握情况，老师随机抽查。
（2）评价反馈，从多方面对工作和学习过程及成果进行评价，不仅要找到缺陷，更重要的是要找到产生缺陷的原因，并做出相应的修正（见表2-1-14、表2-1-15）。
（3）小组代表进行总结性发言，提交学习成果。

表2-1-14 职业行动评价表

评价项目	评价内容	评价标准	评价方式		
			自我评价	小组评价	教师评价
职业素养	安全意识 责任意识	A 作风严谨，自觉遵章守纪，出色地完成工作任务； B 能够遵守规章制度，较好地完成工作任务； C 遵守规章制度，没完成工作任务或虽完成工作任务但未严格遵守规章制度； D 不遵守规章制度，没完成工作任务			
	学习态度 主动	A 积极参与教学活动，全勤； B 缺勤达本任务总学时的10%； C 缺勤达本任务总学时的20%； D 缺勤达本任务总学时的30%			
	团队合作 意识	A 与同学协作融洽，团结合作意识强； B 与同学能沟通，协同工作能力较强； C 与同学能沟通，协同工作能力一般； D 与同学沟通困难，协同工作能力较差			
专业能力	活动一：勘查现场	A 按时、高质量完成调研及工作页，积极参与课堂活动，表现突出； B 按时、较好地完成工作页，积极参与课堂活动； C 没按时完成工作页，不积极参与课堂活动； D 没完成工作页，不参与课堂活动			

续表

评价项目	评价内容	评价标准	评价方式		
			自我评价	小组评价	教师评价
	活动二：施工前准备	A 按时、完整地完成工作页，问题回答正确； B 按时、完整地完成工作页，问题回答基本正确； C 未能按时完成工作页，或内容遗漏、错误较多； D 未完成工作页			
	活动三：现场施工	A 学习活动成绩为90~100分； B 学习活动成绩为75~89分； C 学习活动成绩为60~74分； D 学习活动成绩为0~59分			
	活动四：总结与评价	A 学习活动成绩为90~100分； B 学习活动成绩为75~89分； C 学习活动成绩为60~74分； D 学习活动成绩为0~59分			
创新能力	学习过程中提出具有创新性、可行性的建议		加分奖励：		
学生姓名		综合评价等级			
指导教师		日　　期			

表2-1-15　职业内容与职业能力评价表

学习任务名称：_____
班级：_____　组别：_____　姓名：_____　学号：_____

项目	评价内容	每次课评价	活动总评
职业素养评价项目（老师与观察员评价）	不迟到、不早退、仪容仪表、工衣、工牌 评价方法：全部合格为A，一个不合格为B，两个不合格为C，三个不合格为D		
	资讯（获取有效的信息）：网络、书籍、产品资料、老师、同学、相关规范及标准、其他 评价方法：两种渠道以上的为A，两种渠道的为B，一种渠道的为C，无为D		
	团队合作意识：与同学合作交流、听取同学意见、表达自己的观念、协助制订工作计划、无独自一人发呆走神现象、无抵触或不参与、协调小组成员、参与小组讨论 评价方法：全部合格为A，一个不合格为B，两个不合格为C，三个及三个以上不合格为D		
	7S管理意识：学习区、施工区、资讯区、仓储区 评价方法：全部合格为A，一个不合格为B，两个不合格为C，三个不合格为D		

续表

项目	评价内容	每次课评价				活动总评
职业能力评价项目（老师与组长评价）	当次项目工作页完成情况 评价方法：抽查引导问题，第一次成功为 A，第二次成功为 B，第三次成功为 C，第四次及以上成功的为 D					
	成果1：_____					
	成果2：_____					
	成果3：_____					
	成果4：_____					
	学习成果评价方法： 　小组抽查形式：第一次成功为 A，第二次成功为 B，第三次成功为 C，第四次及以上成功的为 D。 　个人考核形式：当次学习活动成绩 90~100 分为 A；75~89 分为 B；60~74 分为 C；0~59 分为 D					
加分项目	1. 课堂积极发言一次加 1 分； 2. 上讲台总结发言一次加 2 分； 3. 成功组织策划课件活动一次加 3 分					
加分及扣分说明						

学习情况描述	学习活动一	安排的工作任务：	日期：
		实际工作内容：	评价人：
		完成情况：	
	学习活动二	安排的工作任务：	日期：
		实际工作内容：	评价人：

续表

学习活动三	完成情况：		
	安排的工作任务：		日期： 评价人：
	实际工作内容：		
	完成情况：		
教师评价		总评成绩：	

学习活动二　枪式摄像机的安装

学习目标

（1）识读施工任务单，了解与施工任务有关的信息。
（2）能描述摄像机的定义。
（3）能描述楼宇行业中用到的摄像机类型。
（4）能根据相关资料（产品说明书、安装规范、施工图等）写出枪式摄像机的安装步骤及其安装技术要求，并认知枪式摄像机接线端口的意义。
（5）能识读摄像机的图例、符号。
（6）能根据施工图及系统图选择设备、材料及工具。
（7）能描述枪式摄像机的安装方法。
（8）能描述安装枪式摄像机时的操作注意事项。
（9）能按照国家标准，完成设备安装的验收。
（10）能规范地撰写工作总结。

建议学时

16学时。

一、施工准备

学习目标

（1）识读施工任务单，了解与施工任务有关的信息。
（2）能根据相关资料（产品说明书、安装规范、施工图等）写出枪式摄像机的安装步骤及其安装技术要求，并认知枪式摄像机接线端口的意义。
（3）能识读枪式摄像机的图例、符号。
（4）能根据施工图及系统图选择设备、材料及工具。

学习准备

作业班组施工任务单。
学习资源：互联网资源、专业书籍、学习资料等。
行业技术规范与标准：
《全国住宅小区智能化系统示范工程建设要点与技术导则》；
《智能建筑设计标准》（GB/T 50314—2015）；
《综合布线系统工程设计规范》（GB/T 50311—2016）；
《商业建筑物综合布线系统国际标准》（ISO/IEC 11801）；
《商业建筑物综合布线系统美国标准》（EIA/TIA 568B）；
《民用闭路监控电视系统工程技术规范》（GB 50198—2011）；
《安全防范工程程序与要求》（GA/T 75—94）；
《安全防范系统通用图形符号》（GA/T 74—2017）；
《防盗报警控制器通用技术条件》（GB 12663—2001）；
《入侵报警系统工程设计规范》（GA 50394—2007）；
《民用建筑电气设计规范》（JGJ 16—2008）；
《电气装置安装工程低压电器施工及验收规范》（GB 50254—2014）；
《电气装置安装工程电力变流设备施工及验收规范》（GB 50255—2014）；
《电气装置安装工程起重机电气装置施工及验收规范》（GB 50256—2014）；
《电气装置安装工程爆炸和火灾危险环境电气装置施工及验收规范》（GB 50257—2014）；
《建筑物防雷设计规范》（GB 50057—2010）。

学习过程

（1）小组讨论，分析施工任务单的信息（见表 2-2-1），填写下面内容。
① 工程类别：敷设线管☐　敷设线缆☐　设备安装☐　设备调试☐　其他☐
② 安装地点：_____；安装内容：_____

③ 安装要求：_____

④ 完工时间：_____。

表 2-2-1　作业班组施工任务单

工程名称：		任务单编号：	
作业班组工种：设备安装		班组负责人姓名：	
施工任务及范围安排 施工任务：按照施工图纸，完成枪式摄像机的安装任务 施工范围：工业园区			
要求最迟完成时间： 7 个工作日			
质量交底要求及注意事项： 设备判断正确，安装过程中不得出现损坏设备的情况；设备连接时，电缆线路应留有余量			
施工员签字： 年　　月　　日		班组长签字： 年　　月　　日	

（2）查阅资料，说说枪式摄像机的使用环境。

二、制订施工计划

学习目标

（1）能根据相关资料（产品说明书、安装规范、施工图等）写出枪式摄像机的安装步骤及其安装技术要求，并认知枪式摄像机接线端口的意义。

（2）能识读枪式摄像机的图例、符号。

（3）能根据施工图及系统图选择设备、材料及工具。

学习过程

（1）识读本次工程的安装施工图，查阅资料，回答下列问题。

① 如果一位客户要求购买一款能在夜晚于室内走廊使用、可移动监测的高清彩色摄像机。同时，要求这款摄像机能够调焦距、调光圈、调镜头、监视区域较远，你应该给客户介绍哪些信息？

② 在选择枪式摄像机前,需要了解它的种类、特点、工作方式和使用场合,才能根据工程需要确定合适的摄像机。

根据监控摄像机安装施工图,查阅资料和搜索网络,并经过小组讨论,确定合适类型的摄像机,同时说说确定的原因。

③ 根据配置的摄像机及材料清单,领取施工用设备及工具、材料,做好施工准备。

④ 小组讨论并确定施工所需的工具、耗材,填入工具及耗材清单(见表 2-2-2)。

表 2-2-2　工具及耗材清单

序号	名称	型号与规格	单位	数量	备注
1					
2					
3					
4					
5					
6					
7					
8					

(2)小组讨论,编写本组的施工计划(见表 2-2-3),确定计划中的重点部分,并在施工计划中标注清楚。

表 2-2-3　施工计划

施工名称		施工时间	
施工地点		项目负责人(班组长)	
施工计划内容	情况分析:		

续表

	工作任务和要求：		
	工作的方法、步骤和措施：		
	施工验收规范：		
施工人员 （签字）		项目经理 （签字）	

学习拓展

枪式摄像机的使用较为普遍。在枪式摄像机安装前，要先选择合适的摄像机、镜头、支架、防护罩等。

（1）选择摄像机、镜头。镜头是电视监控系统中必不可少的部件，镜头与CCD摄像机配合，可以将远距离目标成像在摄像机的CCD靶面上。镜头选择得合适与否，直接关系到摄像质量的优劣，因此，在实际应用中必须合理选择镜头。

说出选择摄像机镜头时要考虑的情况。

安全防范系统图形符号

（2）说出摄像机和镜头是如何连接的，并在教师指导下，连接摄像机和镜头（见图 2-2-1）。记录操作步骤及注意事项。

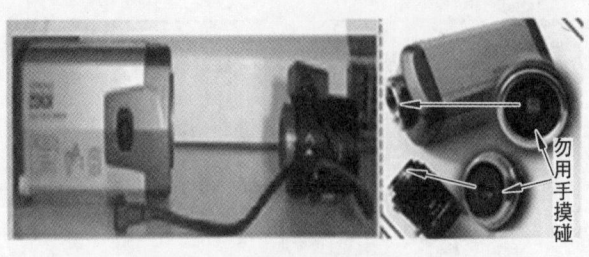

图 2-2-1　安装摄像机和镜头

摄像机安装视频

 小提示

以下是摄像机与镜头之间的安装内容。

1. 安装镜头

摄像机必须配接镜头才可使用，一般应根据应用现场的实际情况来选配合适的镜头，如定焦镜头或变焦镜头、手动光圈镜头或自动光圈镜头、标准镜头或广角镜头或长焦镜头等。另外，还应注意镜头与摄像机接口的形式，如 C 型接口或者 CS 型接口。C 型接口和 CS 型接口镜头的螺纹均为 1 英寸 32 牙，直径为 1 英寸；它们的差别是镜头距 CCD 靶面的距离不同，C 式安装座从基准面到焦点的距离为 17.562 mm，比 CS 式距离 CCD 靶面多一个专用接圈的长度，CS 式距焦点距离为 12.5 mm。如果没有这一个接圈，镜头与摄像头就不能正常聚焦，图像变得模糊不清。所以在安装镜头前，先看一看摄像头和镜头是不是同一种接口方式。如果不是，就需要根据具体情况增减接圈。有的摄像头不用接圈，而采用后像调节环。调节时，用旋具拧松调节环上的螺钉，转动调节环。此时，CCD 靶面会相对安装基座向前后运动，也起到接圈的作用。

安装镜头时，首先去掉摄像机及镜头的保护盖，然后将镜头轻轻旋入摄像机的镜头接口并使之到位。对于自动光圈镜头，还应将镜头的控制线连接到摄像机的自动光圈接口上；对于电动两可变镜头或三可变镜头，只要旋转镜头到位，则暂时不需校正其平衡状态。只有在后焦距调整完毕后，才需要最后校正其平衡状态。

2. 调整镜头光圈与对焦

关闭摄像机上电子快门及逆光补偿等开关，将摄像机对准欲监视的场景，调整镜头的光圈与对焦环，使监视器上的图像最佳。如果在光照度变化比较大的场合使用摄像机，最好配接自动光圈镜头，并将摄像机的电子快门开关 ELC 置于"OFF"。如果选用了手动光圈，则应将摄像机的电子快门开关 ELC 置于"ON"，并在应用现场最为明亮、环境光照度最大时，将镜头光圈尽可能开大，并仍使图像为最佳，不要使图像过于发白而过载，镜头即调整完毕。装好防护罩并上好支架即可。由于光圈较大，景深范围相对较小，对焦距时应尽可能照顾到整个监视现场的清晰度。当现场照度降低时，电子快门将自动调整为慢速，配合较大的光圈，仍可使图像满意。

在以上调整过程中，若不注意在光线明亮时将镜头的光圈尽可能开大，而是关得比较小，则摄像机的电子快门会自动调在低速上，因此仍可以在监视器上形成较好的图像。但当光线变暗时，由于镜头的光圈比较小，而电子快门也已经处于最慢 1/50 s 了，此时的成像就可能是昏暗一片。

3. 后焦距的调整

后焦距也称背焦距，指的是当安装上标准镜头标准 C/CS 接口镜头时，能使被摄景物的成像恰好成在 CCD 图像传感器的靶面上。一般摄像机在出厂时，对后焦距都做了适当的调整，因此，在配接定焦镜头的应用场合，一般都不需要调整摄像机的后焦距。在有些应用场合，可能出现当镜头对焦环调整到极限位置时仍不能使图像清晰。此时，首先必须确认镜头的接口是否正确。如果确认无误，就需要对摄像机的后焦距进行调整。根据经验，在绝大多数摄像机配接电动变焦镜头的应用场合，往往都需要对摄像机的后焦距进行调整。

后焦距调整的步骤如下：

（1）将镜头正确安装到摄像机上。

（2）将镜头光圈尽可能开到最大，目的是缩小景深范围，以准确找到成像焦点。

（3）通过变焦距调整，将镜头推至望远状态，拍摄 10 m 以外的一个物体的特写，再通过调整聚焦将特写图像调清晰。

（4）进行与上一步相反的变焦距调整，将镜头拉回至广角状态，此时画面变为包含上述特写物体的全景图像，但此时不能再作聚焦调整。注意：如果此时的图像变模糊，也不能调整聚焦，而是准备下一步的后焦距调整。

（5）将摄像机前端用于固定后焦调节环的内六角螺钉旋松，并旋转后焦调节环。对没有后焦调节环的摄像机，则直接旋转镜头，从而带动其内置的后焦环，直至画面最清晰为止；然后，暂时旋紧内六角螺钉。

（6）重新推镜头到望远状态，查看刚才拍摄的特写物体是否仍然清晰。如果不清晰，则再重复上述第（1）、（2）、（3）步骤。

（7）在望远状态下，如果特写物体已经可以看清楚，应旋紧内六角螺钉，将光圈调整到适当的位置。

至此，摄像机和镜头就调试完毕。

4. 安装摄像机、镜头、支架和防护罩

（1）准备支架。

准备工具和零件：胀塞、螺钉、改锥、小锤、电钻等必要工具，如图 2-2-2 所示。按施工图确定的安装位置，检查好胀塞和自攻螺钉的大小、型号；检查支架螺钉和摄像机底座的螺口是否合适，预留的管线接口是否处理好，测试电缆是否畅通。准备就绪，即可开始安装。

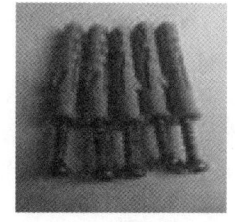 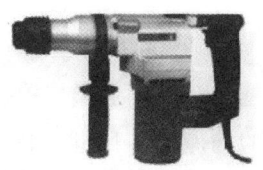  

（a）胀塞和螺钉　　　　（b）电钻　　　　（c）旋具　　　　（d）支架

图 2-2-2　安装工具和零件

图 2-2-3 是摄像机尾部图片，请利用相关资源完成表 2-2-4。

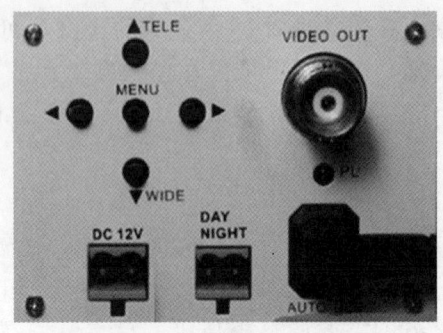

图 2-2-3　摄像机尾部

表 2-2-4　符号及名称

符　号	名　称	符　号	名　称
MENU		VIDEO OUT	
TELE		AUTO IRIS	
WIDE		DAY NIGHT	
DC12 V		PL′	

（2）安装支架及摄像机。

按照施工图确定的位置，装好支架。检查牢固后，将摄像机按照设计方向装上，如图 2-2-4 所示。注意：在确定安装支架前，先在安装的位置通电测试一下，以便得到更合理的监视效果（此步骤适合在室内或干净的环境中）。

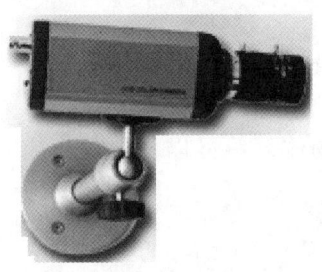

图 2-2-4　安装支架及摄像机

如果摄像机需要安装在室外或室内灰尘较多的环境中，查阅资料，说出摄像机还需要有哪些保护。简述保护装置的安装步骤。

（3）把焊接好的视频电缆 BNC 插头插入视频电缆的插座内。用插头的两个缺口对准摄像机视频插座的两个固定柱，插入后顺时针旋转即可。确认它们固定牢固，接触良好。

（4）将电源适配器的电源输出插头插入监控摄像机的电源插口，并确认牢固度。

（5）检查摄像机固定安全及接线正确后，进行通电测试，如图 2-2-5 所示。与准备好的可移动监视器设备进行连接测试。

图 2-2-5　通电测试

三、安装施工

学习目标

（1）能描述枪式摄像机的安装方法。
（2）能描述安装枪式摄像机时的操作注意事项。
（3）能完成枪式摄像机的安装。

学习准备

施工规范、施工任务单、施工图、图例资料、摄像机产品说明书、云台使用说明书；冲击钻、手电钻、锤子、扳手、盒尺、测电笔、斜口钳、旋具、剥线钳、万用表、梯子、防水（绝缘）胶带、膨胀螺钉、自攻螺钉等；劳保用品、安全生产警示标识。

学习过程

（1）在表 2-2-5 中列出安装施工中所需要用到的摄像机产品的主要信息。

表 2-2-5　摄像机产品的主要信息

序号	摄像机名称	型号	生产厂家	产品报价	数量

（2）枪式摄像机的安装。

枪式摄像机除了可以单独使用以外，还可以与其他设备组合（如云台）使用。
① 为什么有些枪式摄像机要使用云台？

② 安装与解码器集成一体的云台。

查阅资料，在教师指导下，将摄像机安装在云台上，并将安装操作步骤记录如下（安装操作可参考下列各个步骤的操作图片）。

a. 准备工具，阅读云台的使用说明书，了解云台的类型（如云台和解码器一体，为室内壁挂式），确定云台、镜头、电源等的电压、电缆及安装位置。

b. _____

_____

图 2-2-6　拆卸云台

c. _____

_____

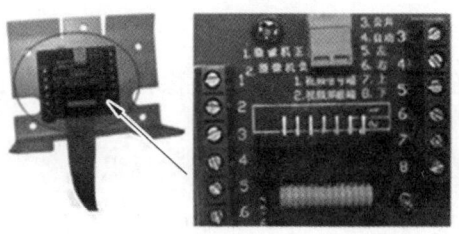

图 2-2-7　位于侧安装板的接线模块

 小提示

要特别注意电源电压，本例中设备使用的是 24 V 电源，若接入 220 V 将会烧毁云台。

通过网络搜索和查阅资料，并小组讨论后，填写接线模板的端子名称（见图 2-2-8 和表 2-2-6）。

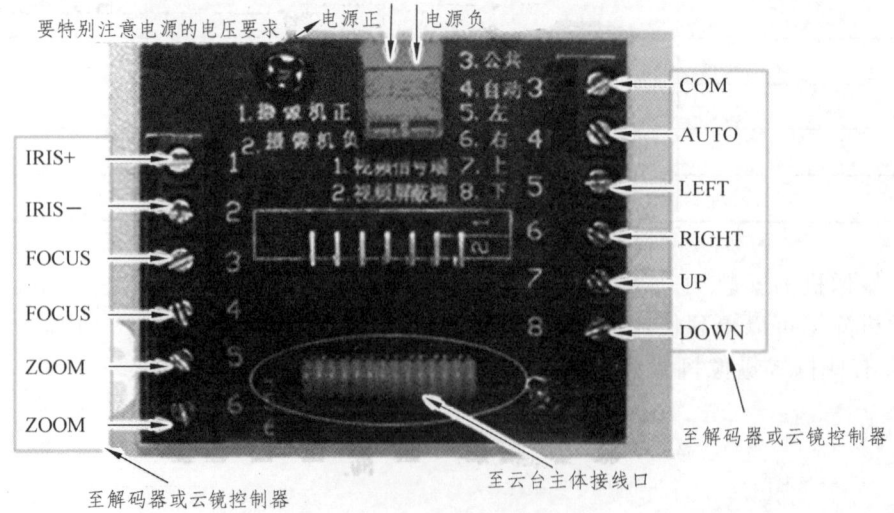

图 2-2-8　接线模板

表 2-2-6　接线模块的端子

端子符号	名称	端子符号	名称
IRIS+		COM	
IRIS-		AUTO	
FOCUS		LEFT	
ZOOM		RIGHT	
UP		DOWN	

完成图 2-2-9 所示的摄像机、解码器、云台之间的原理接线图。

图 2-2-9　摄像机、解码器、云台之间的原理接线图

d. 把带有接线模块的固定板按照事先确定的位置固定到墙上，在按照第一步至第三步的方法把云台的底板装回去，如图 2-2-10 所示。

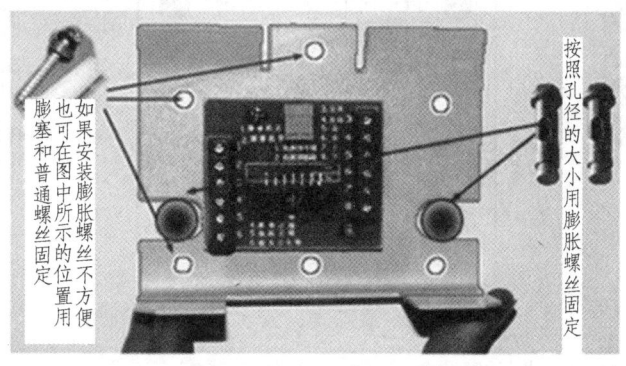

图 2-2-10　安装固定板

 小提示

如果使用云镜控制器，安装完成后可以直接把相应的电缆接入云镜控制器进行加电测试（再次提醒注意电压），并根据场景的实际需要确定左右的扫描角度，并用塑料销固定。如果接入解码器，可根据解码器的说明书，把相应电缆接入解码器，与解码器一并完成安装和测试。

③ 安装与解码器分离的云台。

查阅资料，在教师指导下，将摄像机安装在云台上，并将安装操作步骤记录如下（安装操作可参考下列各个步骤的操作图片）。

a._____

_____

_____

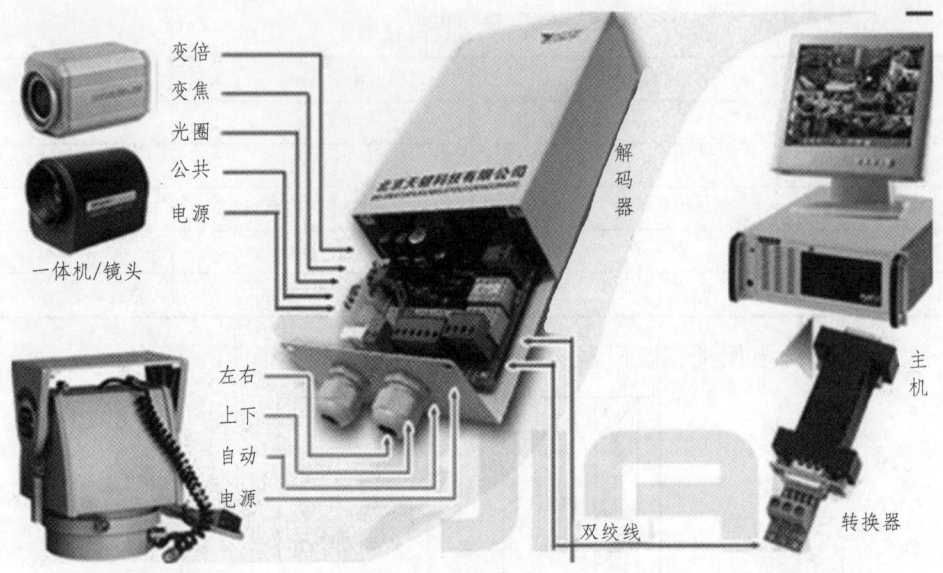

图 2-2-11　把变倍镜头或一体机、云台的电缆接入解码器

完成图 2-2-12 所示的摄像机、解码器、云台之间的原理接线图。

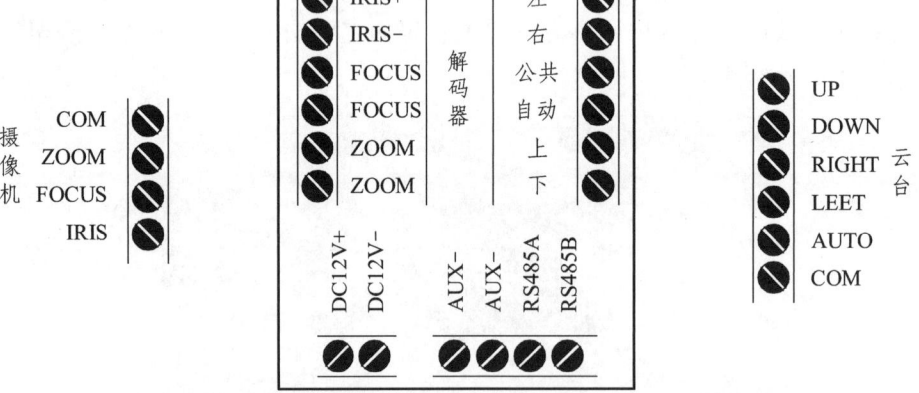

图 2-2-12　摄像机、解码器、云台之间的原理接线图

填写图 2-2-12 接线图中的端子符号的名称（见表 2-2-7）。

表 2-2-7　端子符号及名称

端子符号	名　　称	端子符号	名　　称
AUX+		RS485A	
AUX-		RS485B	

 小提示

连接线缆时不可带电操作。

线头根据接线端子的尺寸做到芯线与接线柱接触良好、牢固，芯线不外露。在安装前，先把以上设备检测后再实际安装。

　　b._____

_____

四、工程验收

🔍 学习目标

（1）能自觉按照国家标准，完成设备安装的验收。
（2）能在组内检查的时候，按照国家标准，找出存在的问题。

🛠 学习准备

摄像机安装施工图、摄像机相关资料、《智能建筑工程质量验收规范》（GB 50339—2013）；检验设备和工具、用具；劳保用品、安全生产警示标识。

🎓 学习过程

（1）查阅《智能建筑工程质量验收规范》（GB 50339—2013）中安全防范系统检测、监控与管理系统检测的主控项目和一般项目内容，简要列出枪式摄像机验收主要有哪些方面的内容。

（2）根据《智能建筑工程质量验收规范》（GB 50339—2013）中安全防范系统检测、监控与管理系统检测的验收内容，在教师的指导下，以小组为单位，完成摄像机安装工程的验收，填写设备安装竣工验收单（见表2-2-8）。

表2-2-8 设备安装竣工验收单

序号	设备名称	检测内容	存在的问题	检验结果	
				合格	不合格

检测机构项目负责人：	检测结论：
检测人员签字：	检测日期：

注：在检测结果栏，按实际情况在相应空格内打"√"。

五、学习成果展示与汇报、评价与反馈

学习目标

（1）能规范地撰写工作总结。
（2）能采用多种形式进行成果展示。
（3）能有效地进行工作总结与经验交流。

学习准备

作业班组施工任务单、探测器安装工程施工图、图例资料、产品说明书、展示用探测器、展示用设备、劳保用品、安全生产警示标识。

小组汇报

（1）小组长检查引导问题的掌握情况，老师随机抽查。
（2）评价反馈，从多方面对工作和学习过程及成果进行评价，不仅要找到缺陷，更重要的是要找到产生缺陷的原因，并做出相应的修正（见表 2-2-9、表 2-2-10）。
（3）小组代表进行总结性发言，提交学习成果。

表 2-2-9 职业行动评价表

评价项目	评价内容	评价标准	评价方式		
			自我评价	小组评价	教师评价
职业素养	安全意识 责任意识	A 作风严谨，自觉遵章守纪，出色地完成工作任务； B 能够遵守规章制度，较好地完成工作任务； C 遵守规章制度，没完成工作任务或虽完成工作任务但未严格遵守规章制度； D 不遵守规章制度，没完成工作任务			
	学习态度 主动	A 积极参与教学活动，全勤； B 缺勤达本任务总学时的 10%； C 缺勤达本任务总学时的 20%； D 缺勤达本任务总学时的 30%			
	团队合作 意识	A 与同学协作融洽，团结合作意识强； B 与同学能沟通，协同工作能力较强； C 与同学能沟通，协同工作能力一般； D 与同学沟通困难，协同工作能力较差			
专业能力	活动一： 勘查现场	A 按时、高质量完成调研及工作页，积极参与课堂活动，表现突出； B 按时、较好地完成工作页，积极参与课堂活动； C 没按时完成工作页，不积极参与课堂活动； D 没完成工作页，不参与课堂活动			

续表

活动二： 施工前准备	A 按时、完整地完成工作页，问题回答正确； B 按时、完整地完成工作页，问题回答基本正确； C 未能按时完成工作页，或内容遗漏、错误较多； D 未完成工作页				
活动三： 现场施工	A 学习活动成绩为90~100分； B 学习活动成绩为75~89分； C 学习活动成绩为60~74分； D 学习活动成绩为0~59分				
活动四： 总结与评价	A 学习活动成绩为90~100分； B 学习活动成绩为75~89分； C 学习活动成绩为60~74分； D 学习活动成绩为0~59分				
创新能力	学习过程中提出具有创新性、可行性的建议		加分奖励：		
学生姓名		综合评价等级			
指导教师		日　　期			

表2-2-10　职业内容与职业能力评价表

学习任务名称：_____

班级：_____　　组别：_____　　姓名：_____　　学号：_____

项　目	评价内容	每次课评价				活动总评
职业素养评价项目 （老师与观察员评价）	不迟到、不早退、仪容仪表、工衣、工牌 评价方法：全部合格为A，一个不合格为B，两个不合格为C，三个不合格为D					
	资讯（获取有效的信息）：网络、书籍、产品资料、老师、同学、相关规范及标准、其他 评价方法：两种渠道以上的为A，两种渠道的为B，一种渠道的为C，无为D					
	团队合作意识：与同学合作交流、听取同学意见、表达自己的观念、协助制订工作计划、无独自一人发呆走神现象、无抵触或不参与、协调小组成员、参与小组讨论 评价方法：全部合格为A，一个不合格为B，两个不合格为C，三个及三个以上不合格为D					
	7S管理意识：学习区、施工区、资讯区、仓储区 评价方法：全部合格为A，一个不合格为B，两个不合格为C，三个不合格为D					
职业能力评价项目 （老师与组长评价）	当次项目工作页完成情况 评价方法：抽查引导问题，第一次成功为A，第二次成功为B，第三次成功为C，第四次及以上成功的为D					
	成果1：_____					

续表

	成果 2：_____	_____	
	成果 3：_____	_____	
	成果 4：_____	_____	
	学习成果评价方法： 　小组抽查形式：第一次成功为 A，第二次成功为 B，第三次成功为 C，第四次及以上成功的为 D。 　个人考核形式：当次学习活动成绩 90~100 分为 A；75~89 分为 B；60~74 分为 C；0~59 分为 D		
加分项目	1. 课堂积极发言一次加 1 分； 2. 上讲台总结发言一次加 2 分； 3. 成功组织策划课件活动一次加 3 分		
加分及扣分说明			
学习情况描述	学习活动一	安排的工作任务：	日期：
		实际工作内容：	评价人：
		完成情况：	
	学习活动二	安排的工作任务：	日期：
		实际工作内容：	评价人：
		完成情况：	
	学习活动三	安排的工作任务：	日期：
		实际工作内容：	评价人：
		完成情况：	
教师评价		总评成绩：	

学习活动三　球形摄像机的安装

学习目标

（1）识读施工任务单，了解与施工任务有关的信息。
（2）能描述摄像机的定义。
（3）能描述楼宇行业中用到的摄像机类型。
（4）能根据相关资料（产品说明书、安装规范、施工图等）写出球形摄像机的安装步骤及其安装技术要求，并认知球形摄像机接线端口的意义。
（5）能识读摄像机的图例、符号。
（6）能根据施工图及系统图选择设备、材料及工具。
（7）能描述球形摄像机的安装方法。
（8）能描述安装球形摄像机时的操作注意事项。
（9）能按照国家标准，完成设备安装的验收。
（10）能规范地撰写工作总结。

建议学时

16学时。

一、施工准备

学习目标

（1）识读施工任务单，了解与施工任务有关的信息。
（2）能根据相关资料（产品说明书、安装规范、施工图等）写出一体化球形摄像机的安装步骤及其安装技术要求，并认知球形摄像机接线端口的意义。
（3）能识读一体化球形摄像机的图例、符号。
（4）能根据施工图及系统图选择设备、材料及工具。

学习准备

作业班组施工任务单。
学习资源：互联网资源、专业书籍、学习资料等。
行业技术规范与标准：
《全国住宅小区智能化系统示范工程建设要点与技术导则》；
《智能建筑设计标准》（GB/T 50314—2015）；
《综合布线系统工程设计规范》（GB/T 50311—2016）；
《商业建筑物综合布线系统国际标准》（ISO/IEC 11801）；

《商业建筑物综合布线系统美国标准》（EIA/TIA 568B）；
《民用闭路监控电视系统工程技术规范》（GB 50198—2011）；
《安全防范工程程序与要求》（GA/T 75—94）；
《安全防范系统通用图形符号》（GA/T 74—2017）；
《防盗报警控制器通用技术条件》（GB 12663—2001）；
《入侵报警系统工程设计规范》（GB 50394—2007）；
《民用建筑电气设计规范》（JGJ/T 16—2008）；
《电气装置安装工程低压电器施工及验收规范》（GB 50254—2014）；
《电气装置安装工程电力变流设备施工及验收规范》（GB 50255—2014）；
《电气装置安装工程起重机电气装置施工及验收规范》（GB 50256—2014）；
《电气装置安装工程爆炸和火灾危险环境电气装置施工及验收规范》（GB 50257—2014）；
《建筑物防雷设计规范》（GB 50057—2010）。

学习过程

（1）小组讨论，分析施工任务单的信息（见表 2-3-1），填写下面内容。
① 工程类别：敷设线管□　敷设线缆□　设备安装□　设备调试□　其他□
② 安装地点：_____；安装内容：_____
_____
_____
③ 安装要求：_____
_____
_____
④ 完工时间：_____。

表 2-3-1　作业班组施工任务单

工程名称：×××工业园改造工程　　　　　　任务单编号：003

作业班组工种：设备安装	班组负责人姓名：
施工任务及范围安排 施工任务：按照施工图纸，完成球形摄像机的安装任务 施工范围：工业园区	
要求最迟完成时间： 7个工作日	
质量交底要求及注意事项： 设备判断正确，安装过程中不得出现损坏设备的情况；设备连接时，电缆线路应留有余量	
施工员签字： 年　月　日	班组长签字： 年　月　日

（2）查阅资料，说说球形摄像机的使用环境。

二、制订施工计划

学习目标

（1）能根据相关资料（产品说明书、安装规范、施工图等）写出球形摄像机的安装步骤及其安装技术要求，并认知球形摄像机接线端口的意义。
（2）能识读球形摄像机的图例、符号。
（3）能根据施工图及系统图选择设备、材料及工具。

学习过程

（1）识读本次工程的安装施工图，查阅资料，回答下列问题。

① 如果一位客户要求购买一款能在夜晚于室外使用、可防雨的高清彩色摄像机。同时，要求这款摄像机能够调焦距、调光圈、调镜头、监视区域较远，你应该给客户介绍哪些信息？

② 在选择一体化球形摄像机前，需要了解它的种类、特点、工作方式和使用场合，才能根据工程需要确定合适的摄像机。

根据监控摄像机安装施工图，查阅资料和搜索网络，并经过小组讨论，确定合适类型的摄像机，同时说说确定的原因。

③ 根据配置的摄像机及材料清单，领取施工用设备及工具、材料，做好施工准备。

④ 小组讨论并确定施工所需的工具、耗材，填入工具及耗材清单（见表2-3-2）。

表 2-3-2 工具及耗材清单

序号	名称	型号与规格	单位	数量	备注
1					
2					
3					
4					
5					
6					
7					
8					

（2）小组讨论，编写本组的施工计划（见表 2-3-3），确定计划中的重点部分，并在施工计划中标注清楚。

表 2-3-3 施工计划

施工名称		施工时间	
施工地点		项目负责人（班组长）	
施工计划内容	情况分析：		
	工作任务和要求：		
	工作的方法、步骤和措施：		
	施工验收规范：		
施工人员（签字）		项目经理（签字）	

学习拓展

数字摄像机的应用与连接：

（1）数字摄像机与模拟摄像机的区别。

摄像机按照传输方式可分为模拟摄像机和数字摄像机。

① 概念。

模拟摄像机输出的是_____信号，通过编码器可以将视频采集设备产生的_____信号转换成_____信号，进而将其存储在计算机里。模拟信号摄像机捕捉到的视频信号必须经过特定的_____卡，将_____信号转换成_____模式，并加以压缩后，才可以转换到计算机上运用。

数字摄像机是指摄像机的_____的处理及_____的记录全部使用_____完成的摄像机。该摄像机的最大特征是磁带上记录的信号为_____信号。数字摄像机摄取的图像信号经_____转化为_____信号后，马上经电路进行_____化，以后在记录到磁带之前的所有处理全部为_____处理，最后将处理完的_____信号直接记录到磁带上。

② 数字摄像机与模拟摄像机的区别是什么？

（2）数字摄像机的特点是什么？数字摄像机又包含哪些摄像机？

三、安装施工

学习目标

（1）能描述一体化球形摄像机的安装方法。
（2）能描述安装一体化球形摄像机时的操作注意事项。
（3）能完成一体化球形摄像机的安装。

学习准备

施工规范、施工任务单、施工图、图例资料、摄像机产品说明书、云台使用说明书；冲击钻、手电钻、锤子、扳手、盒尺、测电笔、斜口钳、旋具、剥线钳、万用表、梯子、防水（绝缘）胶带、膨胀螺钉、自攻螺钉等；劳保用品、安全生产警示标识。

学习过程

（1）在表 2-3-4 中列出安装施工中所需要用到的摄像机产品的主要信息。

表 2-3-4 摄像机产品的主要信息

序号	摄像机名称	型号	生产厂家	产品报价	数量

（2）一体化球形摄像机的安装。

① 下面以 DS-2CD802、DS-2CD812、DS-2CD892 系列网络摄像机后面板图（见图 2-3-1）为例，填写各部分端子名称。

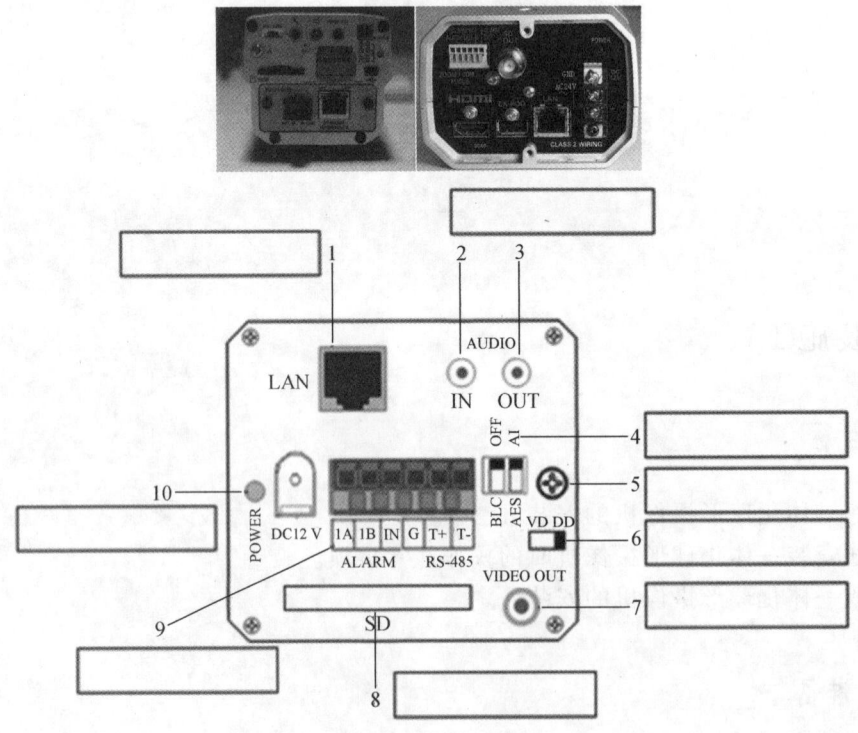

图 2-3-1 网络摄像机后面板

② 根据已经填写的网络摄像机后面板图各部分名称，完成各端子与相关设备之间的连线，如图 2-3-2 所示。

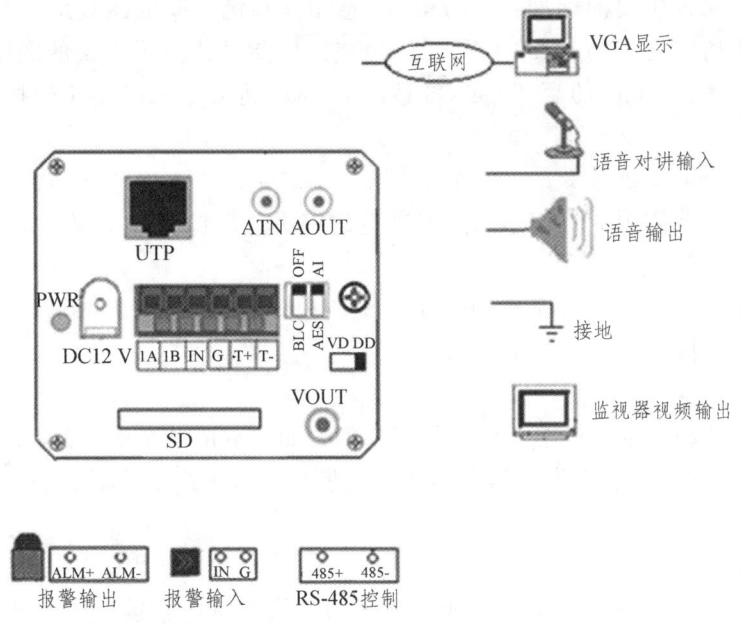

图 2-3-2　网络摄像机后面板各端子与相关设备的连线

（3）网络摄像机及其应用。

① 安装 IP 网络摄影机的硬件条件。

如果想在既有的网络架构下安装 IP 网络摄影机，需要一台性能较好的计算机。一般情况，可以选用安装有 Windows 系统或 Linux 系统的微型计算机。一般市面销售的计算机通常都具备网络支援功能及浏览器，可以较为方便地启动 IP 网络摄影机。

② 设定密码以增添网络传输的安全性。

使用 IP 网络摄影机时，为了保护摄影机所录取资料的安全性，应设定密码。这样，既可以防止资料泄露，又可保证摄影机操作设定不会被随意窜改。如果网络摄像机需要应用在安全需求更高的场所，还应该将其连接到具备特殊保护措施的计算机上，并采用加密技术（如 HTTPS 协定等），进一步确保资料的机密性。

③ 高品质影像的条件。

如果希望捕捉到高品质的影像，应该按照要求对计算机屏幕的显示进行设定：屏幕色彩至少需达 65 位元。另外，平面 LED 显示幕虽然使用起来十分方便，但在观看影像时，效果反而不如 CRT 荧幕。其他高品质影像需求如下：

a. 使用大量光线。

在很多情况下，影像画质较差的原因是光线照度太低。一般而言，光线越强，影像的品质越高；而在较弱的光线下，影像的色彩容易单调、模糊不清。如果要捕捉高解析影像，其照度至少需达到 200 Lux。

b. 避免背光。

一般而言，摄影机的动态调节能力有限，应尽量避免出现影像上的明亮区域，因为明亮的影像会导致曝光过多，物体就会显得过暗。

c. 减小对比度。

可以通过调整摄影机的曝光程度，来取得较平均的照度。

（4）选择网络摄像机的镜头。

① 底座。

摄影机的底座有两种主要的标准：CS-mount 感测器和镜头间的距离应为 12.5 mm；C-mount 感测器和镜头间的距离应为 17.5 mm。如果无法聚焦，可能是选用了错误的底座类型。

另外，还可采用一个 5 mm 的套环（C/CS 适配器环），将 C-mount 镜头转换为 CS-mount 镜头。

② 感测器尺寸。

感测器尺寸越大，镜头越昂贵；1/2″镜头适用于 1/2″、1/3″和 1/4″感测器，但不适用于 2/3″感测器。如果在大感测器上使用一个较小感测器制造的镜头，影像将会出现黑角。

③ 焦距。

焦距与感测器组合在一起形成了视角；小焦距的视角较宽，较大焦距具有狭窄的远摄视角。而在调整远摄镜头的聚焦时，操作必须更为精确。

④ 镜头类型。

镜头主要有三种类型：单一焦距，焦距是固定的，如 4 mm、8 mm；变焦，可以在一定范围内调整焦距，如 4~10 mm，焦距变化时焦点不变；变焦点，当焦距更改时，镜头必须重新聚焦，通常为 3.5~8 mm。

⑤ 可变光圈。

可变光圈是一种机械装置，用于调节通过镜头的光线数量。在镜头中有三种不同类型的可变光圈：手动可变光圈，即转动一个环，以调节可变光圈；DC 自动可变光圈，即摄影机的输出调节可变光圈；影像自动可变光圈，类比影像信号调节可变光圈，此类型目前不常使用。

室外一般采用自动可变光圈镜头，能保护影像感测器免遭强光的损坏。

（5）在室外安装网络摄影机。

如果要将 IP 网络摄影机安装在室外，则需配置室外用机壳。室外摄影机一般使用自动变焦镜头，可以调节影像感测器需要的光线，提高摄影机的动态功能，并可保护影像感测器免遭强光的损坏。其他户外用 IP 网络摄影机的注意事项如下：

① 照明。

夜晚使用摄影机时，为了避免反射和阴影，通常需要照明设备，可以使用红外线照明灯代替普通灯泡。因为黑白摄影机对红外线感光较为灵敏，而彩色摄影机则无法发挥红外线功能，所以必须使用黑白摄影机和带有红外线照明设备的网络影像服务器。

② 避免直接拍摄阳光。

尽量避免影像中出现直射的阳光。直射的光线会使摄影机无法捕捉影像，并可能使感测器晶片上的彩色滤光器永久性脱色，导致影像出现条纹。如果可能的话，安装时需保持摄影机与阳光照射的方向一致，并尽量避免对准天空拍摄。

③ 放大器增益。

在计算机中可以调节影像感测器的增益级别。增益越高，在弱光下的性能越好，但干扰也会扩大。在光线较弱的时候，可以使用高增益，以获得较好的性能；在光线品质良好的时候，使用低增益，可获得同样高品质的影像。

④ 快门速度。

通常快门速度应设置为 1/50 s 或 1/60 s。光线弱时曝光时间长，可以获得良好的性能。如果要捕捉快速移动的影像，快门速度应设定为 1/10 000 s。

（6）网络传输线路模式及应用（见表 2-3-5）。

表 2-3-5　网络传输线路模式及应用

模式类型	传输速度	应 用
PSTN 电话模式	下载文件时，最大速度可达 56 kbit/s，但上传文件时，最大速度是 33.6 kbit/s	广泛应用于连接外部网络，廉价且实用，但传输速度不是很快，有时会产生传输错误状况，需要重发资料，适用于不需要高速传输的场合
ISDN 电话模式	最大传输速度为 128 kbit/s	在许多国家的使用率都很高，在我国已经逐渐被 XDSL 模式取代
XDSL 模式（包括 ADSL、HDSL、IDSL 和 VDSL 等）	下载速度约为 1 Mbit/s，上传速度约为 250 kbit/s	目前为我国网络的主要模式，适用于办公室、家庭或是商店
有线电视 Cable Modem	一般最大速度为 1 Mbit/s，速度会随周围有多少用户在使用该项服务而有所变化	在人口密集的都会区域较为流行
T1 连接	连接速度为 1.5 Mbit/s	在公司行号或是网吧等线路使用率较高的单位较为流行
10 Mbit 以太网络	一般传输容量可以使用 10 Mbit/s 的 50%；如果有交换机，则可以利用 100% 的容量	适用于建筑物中的局域网
移动电话（GSM、CDMA、CDPD、TDMA）	传输速度低，但可满足静态影像的需要。一般通信速度范围为 5~20 kbit/s	适用于远端摄影机（如用于交通监控的摄影机），无须电话线
无线网络（IE 802.11）	最大通信速度范围为 11 Mbit/s；一般实际速度为 1 Mbit/s	用于高速无线通信，适用于远端摄影机
无线蓝牙	最大速度为 720 kbit/s，一般实际速度为 500 kbit/s	适用于远端摄影机

（7）通过对网络摄像机知识的学习，查阅相关资料，简述网络摄像机的工作原理。

四、工程验收

学习目标

（1）能自觉按照国家标准，完成设备安装的验收。
（2）能在组内检查的时候，按照国家标准，找出存在的问题。

学习准备

摄像机安装施工图、摄像机相关资料、《智能建筑工程质量验收规范》（GB 50339—2013）；检验设备和工具、用具；劳保用品、安全生产警示标识。

学习过程

（1）查阅《智能建筑工程质量验收规范》（GB 50339—2013）中安全防范系统检测、监控与管理系统检测的主控项目和一般项目内容，简要列出球形摄像机验收主要有哪些方面的内容。

（2）根据《智能建筑工程质量验收规范》（GB 50339—2013）中安全防范系统检测、监控与管理系统检测的验收内容，在教师的指导下，以小组为单位，完成摄像机安装工程的验收，填写设备安装竣工验收单（见表2-3-6）。

表2-3-6 设备安装竣工验收单

序号	设备名称	检测内容	存在的问题	检验结果	
				合格	不合格
检测机构项目负责人：			检测结论：		
检测人员签字：			检测日期：		

注：在检测结果栏，按实际情况在相应空格内打"√"。

五、学习成果展示与汇报、评价与反馈

学习目标

（1）能规范地撰写工作总结。
（2）能采用多种形式进行成果展示。
（3）能有效地进行工作总结与经验交流。

学习准备

作业班组施工任务单、探测器安装工程施工图、图例资料、产品说明书、展示用探测器、展示用设备、劳保用品、安全生产警示标识。

小组汇报

（1）小组长检查引导问题的掌握情况，老师随机抽查。
（2）评价反馈，从多方面对工作和学习过程及成果进行评价，不仅是找到缺陷，更重要的是

要找到产生缺陷的原因,并做出相应的修正(见表 2-3-7、表 2-3-8)。

(3)小组代表进行总结性发言,提交学习成果。

表 2-3-7 职业行动评价表

评价项目	评价内容	评价标准	评价方式		
			自我评价	小组评价	教师评价
职业素养	安全意识 责任意识	A 作风严谨,自觉遵章守纪,出色地完成工作任务; B 能够遵守规章制度,较好地完成工作任务; C 遵守规章制度,没完成工作任务或虽完成工作任务但未严格遵守规章制度; D 不遵守规章制度,没完成工作任务			
	学习态度 主动	A 积极参与教学活动,全勤; B 缺勤达本任务总学时的 10%; C 缺勤达本任务总学时的 20%; D 缺勤达本任务总学时的 30%			
	团队合作 意识	A 与同学协作融洽,团结合作意识强; B 与同学能沟通,协同工作能力较强; C 与同学能沟通,协同工作能力一般; D 与同学沟通困难,协同工作能力较差			
专业能力	活动一: 勘查现场	A 按时、高质量完成调研及工作页,积极参与课堂活动,表现突出; B 按时、较好地完成工作页,积极参与课堂活动; C 没按时完成工作页,不积极参与课堂活动; D 没完成工作页,不参与课堂活动			
	活动二: 施工前准备	A 按时、完整地完成工作页,问题回答正确; B 按时、完整地完成工作页,问题回答基本正确; C 未能按时完成工作页,或内容遗漏、错误较多; D 未完成工作页			
	活动三: 现场施工	A 学习活动成绩为 90~100 分; B 学习活动成绩为 75~89 分; C 学习活动成绩为 60~74 分; D 学习活动成绩为 0~59 分。			
	活动四: 总结与评价	A 学习活动成绩为 90~100 分; B 学习活动成绩为 75~89 分; C 学习活动成绩为 60~74 分; D 学习活动成绩为 0~59 分			
创新能力		学习过程中提出具有创新性、可行性的建议	加分奖励:		
学生姓名			综合评价等级		
指导教师			日 期		

表 2-3-8　职业内容与职业能力评价表

学习任务名称：＿＿＿＿＿＿＿＿＿＿＿＿＿＿＿＿＿＿＿＿＿＿

班级：＿＿＿＿＿＿＿＿　　组别：＿＿＿＿＿＿＿＿　　姓名：＿＿＿＿＿＿＿＿　　学号：＿＿＿＿＿＿

项目	评价内容	每次课评价				活动总评
职业素养评价项目（老师与观察员评价）	不迟到、不早退、仪容仪表、工衣、工牌 评价方法：全部合格为 A，一个不合格为 B，两个不合格为 C，三个不合格为 D					
	资讯（获取有效的信息）：网络、书籍、产品资料、老师、同学、相关规范及标准、其他 评价方法：两种渠道以上的为 A，两种渠道的为 B，一种渠道的为 C，无为 D					
	团队合作意识：与同学合作交流、听取同学意见、表达自己的观念、协助制订工作计划、无独自一人发呆走神现象、无抵触或不参与、协调小组成员、参与小组讨论 评价方法：全部合格为 A，一个不合格为 B，两个不合格为 C，三个及三个以上不合格为 D					
	7S 管理意识：学习区、施工区、资讯区、仓储区 评价方法：全部合格为 A，一个不合格为 B，两个不合格为 C，三个不合格为 D					
职业能力评价项目（老师与组长评价）	当次项目工作页完成情况 评价方法：抽查引导问题，第一次成功为 A，第二次成功为 B，第三次成功为 C，第四次及以上成功的为 D					
	成果 1：＿＿＿＿＿＿＿＿＿＿＿＿＿＿＿＿＿＿＿＿					
	成果 2：＿＿＿＿＿＿＿＿＿＿＿＿＿＿＿＿＿＿＿＿					
	成果 3：＿＿＿＿＿＿＿＿＿＿＿＿＿＿＿＿＿＿＿＿					
	成果 4：＿＿＿＿＿＿＿＿＿＿＿＿＿＿＿＿＿＿＿＿					
	学习成果评价方法： 　　小组抽查形式：第一次成功为 A，第二次成功为 B，第三次成功为 C，第四次及以上成功的为 D。 　　个人考核形式：当次学习活动成绩 90~100 分为 A；75~89 分为 B；60~74 分为 C；0~59 分为 D					
加分项目	1. 课堂积极发言一次加 1 分； 2. 上讲台总结发言一次加 2 分； 3. 成功组织策划课件活动一次加 3 分					
加分及扣分说明						

续表

学习情况描述	学习活动一	安排的工作任务：	日期：
		实际工作内容：	评价人：
		完成情况：	
	学习活动二	安排的工作任务：	日期：
		实际工作内容：	评价人：
		完成情况：	
	学习活动三	安排的工作任务：	日期：
		实际工作内容：	评价人：
		完成情况：	
教师评价			总评成绩：

学习任务三　传感器的安装

【学习目标】

（1）能识读施工图，辨别传感器符号，说出不同种类传感器的名称、规格、作用、安装位置。
（2）能正确填写施工任务单，制订施工计划。
（3）能根据施工要求正确选择合适的传感器。
（4）能正确安装传感器。
（5）能正确验收传感器安装工程，编写验收报告。
（6）能根据完成的工作内容进行质量反馈与评价。
（7）能执行现场 7S 的工作管理。
（8）能按照工作要求，执行本岗位工作流程，规范编写工作总结，并交流。

【建议学时】

72 学时。

【任务描述】

某学院新校区将是一个现代化教学区域，整个校园有多座智能建筑。该学院新校区建设理念是：充分使用现代控制技术，通过大量使用传感器，完成对楼宇控制方面的信号采集，通过对各楼的水、电、冷热源、空调、送排风系统、给排水系统及通风等系统进行监测、控制和科学管理，以达到舒适、安全、高效、节能的目的。

某数字工作室是该学院新校区智能楼宇控制系统项目中标方，经过与学院方充分交流和沟通，完成了校区的智能控制系统的方案设计。方案得到了院方认可后，该数字工作室开始安排安装部工作人员进行楼宇自动控制设备的安装。

某数字工作室的机电安装部的工作人员，要在项目经理指挥下，根据施工图、国家标准，完成传感器安装，包括温度、湿度传感器的安装和连接，压力、压差传感器和压差开关的安装和连接，流量传感器的安装和连接，电量变送器的安装和连接，风机盘管温控器的安装和连接。最后，按照现场管理规范清理场地、归置物品。

学习准备

作业班组施工任务单。
学习资源：互联网资源、专业书籍、学习资料等。
行业技术规范与标准：
《全国住宅小区智能化系统示范工程建设要点与技术导则》；

《智能建筑设计标准》（GB/T 50314—2015）；
《群综合布线系统工程设计规范》（GB/T 50311—2016）；
《商业建筑物综合布线系统国际标准》（ISO/IEC 11801）；
《商业建筑物综合布线系统美国标准》（EIA/TIA 568B）。

学习场地：一体化实训室（15个工位、学习区、教学任务实施区、资料咨询区）；

实施工具：测电笔、斜口钳、螺丝刀、剥线钳、万用表、梯子、安全帽、安全带、防水（绝缘）胶带等。

学习活动一　温度传感器的安装

🔍 学习目标

（1）识读施工任务单，了解与施工任务有关的信息。
（2）能描述常用温度传感器的类型、作用。
（3）能正确识读温度传感器的图形符号，正确选择传感器。
（4）能按照温度传感器的安装方式，正确对传感器进行安装。
（5）能按照电气接线要求正确接线。
（6）能按照国家标准，完成设备安装的验收。
（7）能规范地撰写工作总结。
（8）能有效地进行工作总结与经验交流。

📋 建议学时

24学时。

一、施工准备

🔍 学习目标

（1）能描述常用温度传感器的类型、作用。
（2）能正确识读温度传感器的图形符号，正确选择传感器。
（3）能说出温度传感器的常见安装方式，正确对传感器进行安装。

🛠 学习准备

某学院新校区智能控制系统设计方案、某学院新校区智能控制系统施工图、传感器相关资料、多媒体设备、相关国家标准、行业规范；冲击钻、手电钻、锤子、扳手、盒尺、测电笔、斜口钳、旋具、剥线钳、万用表、梯子、防水（绝缘）胶带、膨胀螺钉、自攻螺钉等；劳保用品、安全生产警示标识。

学习过程

（1）查阅资料，回答下列问题。

① 智能楼宇中有哪些常用的温度传感器？

② 识读学院智能控制系统的传感器安装施工图，列出该学院智能楼宇控制系统所需的传感器，填制表 3-1-1。

表 3-1-1 传感器列表

序号	名称	规格	图形符号	数量	安装位置
1					
2					
3					
4					
5					
6					
7					
8					
9					

（2）查阅传感器相关资料，完成下列填空。

传感器是一种_____，能够感知如力、温度、光、声、化学成分等_____量，并把它们按照一定的规律转化成电压、电流等_____量，或转化为其他所需形式的_____（如电路的通断）以满足信息的_____、_____、_____、_____和_____等要求。

它是实现_____和_____的首要环节。传感器的作用与人的_____相类似。如果将计算机视为识别和处理信息的"大脑"，将通信系统比作人传递信息的"神经系统"，将执行器比作人的"肌体"，那么传感器就相当于人的"_____"。

图 3-1-1 为传感器检测和传递信息的过程。

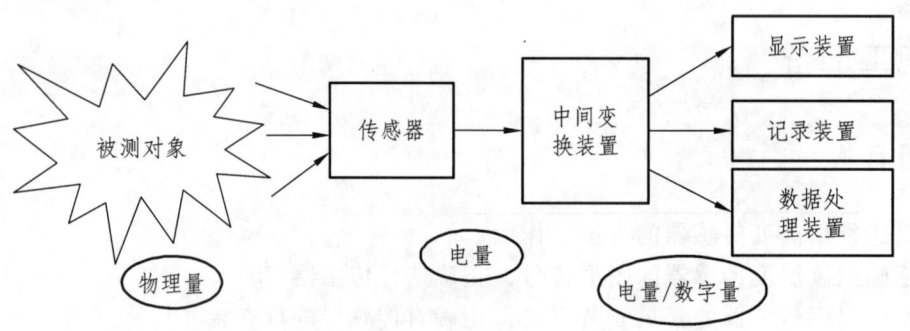

图 3-1-1 传感器检测和传递信息的过程

（3）结合图 3-1-2 说出传感器的工作原理。

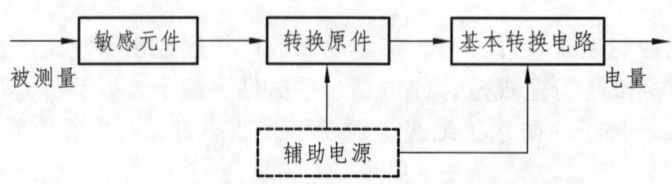

图 3-1-2 传感器工作原理及组成

（4）传感器一般由敏感元件、转换元件和转换电路三部分组成。写出其组成部分的作用。

敏感元件：_____。

转换元件：_____。

基本转换电路：_____
_____。

（5）查阅智能楼宇控制和传感器相关资料，回答下列问题。

① 智能楼宇控制系统主要由_____、_____、_____和_____组成。系统通过_____完成对湿度、压力和温度等非电物理量的监测，并将其转换成相应的电量，而变换后的电量作为被调参数送到计算机处理装置。计算机处理装置将被调参数与设定值进行比较，出现偏差后，按系统的不同要求进行相应的调节，输出控制信号，去控制执行机构的运行。

② 说说表 3-1-2 中的图片是什么传感器。

表 3-1-2　传感器

序　号	图　片	名　称
1		
2		
3		

表 3-1-3 为作业班组施工任务单。

表 3-1-3　作业班组施工任务单

工程名称：	任务单编号：
作业班组工种：设备安装	班组负责人姓名：
施工任务及范围安排 施工任务：按照施工图纸，完成温度传感器的安装任务 施工范围：工业园区	
要求最迟完成时间： 7 个工作日	
质量交底要求及注意事项： 设备判断正确，安装过程中不得出现损坏设备的情况；设备连接时，电缆线路应留有余量	
施工员签字： 年　月　日	班组长签字： 年　月　日

二、制订施工计划

🔍 学习目标

（1）能描述常用温度传感器的类型、作用。
（2）能正确识读温度传感器的图形符号，并正确选择传感器。

🎓 学习过程

（1）识读本次工程的安装施工图，查阅资料，回答下列问题。
① 绘制温度传感器的安装接线图。

② 在选择传感器前，需要了解它的种类、特点、工作方式和使用场合，才能根据工程需要确定合适的传感器。

根据监控传感器安装施工图，查阅资料和搜索网络，并经过小组讨论，确定合适类型的传感器，同时说说确定的原因。

③ 根据配置的传感器及材料清单，领取施工用设备及工具、材料，做好施工准备。

④ 小组讨论并确定施工所需的工具、耗材，填入工具及耗材清单（见表 3-1-4）。

表 3-1-4　工具及耗材清单

序号	名称	型号与规格	单位	数量	备注
1					
2					
3					
4					
5					
6					
7					

（2）小组讨论，编写本组的施工计划（见表 3-1-5），确定计划中的重点部分，并在施工计划中标注清楚。

表 3-1-5 施工计划

施工名称			施工时间	
施工地点			项目负责人（班组长）	
施工计划内容	情况分析：			
	工作任务和要求：			
	工作的方法、步骤和措施：			
	施工验收规范：			
施工人员（签字）			项目经理（签字）	

学习拓展

温度传感器（temperature transducer）是指能感受温度并转换成可用输出信号的传感器。温度传感器是温度测量仪表的核心部分，品种繁多，按测量方式可分为接触式和非接触式两大类，按传感器材料及电子元件特性分为热电阻和热电偶两类。

温度传感器从 17 世纪初人们开始利用温度进行测量。在半导体技术的支持下，相继开发了半导体热电偶传感器、PN 结温度传感器和集成温度传感器。与之相应，根据波与物质的相互作用规律，相继开发了声学温度传感器、红外传感器和微波传感器。

温度传感器有四种主要类型：热电偶、热敏电阻、电阻温度检测器（RTD）和IC温度传感器。IC温度传感器又包括模拟输出和数字输出两种类型。

1. 金属膨胀原理设计的传感器

金属在环境温度变化后会产生一个相应的延伸，因此传感器可以以不同方式对这种反应进行信号转换。

2. 双金属片式传感器

双金属片由两片不同膨胀系数的金属贴在一起而组成，随着温度变化，材料A比另外一种金属膨胀程度要高，引起金属片弯曲，弯曲的曲率可以转换成一个输出信号。

3. 双金属杆和金属管传感器

随着温度升高，金属管（材料A）长度增加，而不膨胀钢杆（金属B）的长度并不增加，这样由于位置的改变，金属管的线性膨胀就可以进行传递。反过来，这种线性膨胀可以转换成一个输出信号。

4. 液体和气体的变形曲线设计的传感器

在温度变化时，液体和气体同样会相应产生体积的变化。

多种类型的结构可以把这种膨胀的变化转换成位置的变化，这样产生位置的变化输出（电位计、感应偏差、挡流板等）。

5. 电阻传感器

金属随着温度变化，其电阻值也发生变化。

对于不同金属来说，温度每变化1°C，电阻值变化是不同的，而电阻值又可以直接作为输出信号。

电阻共有两种变化类型：

（1）正温度系数。

温度升高 = 阻值增加；

温度降低 = 阻值减少。

（2）负温度系数。

温度升高 = 阻值减少；

温度降低 = 阻值增加。

6. 热电偶传感器

热电偶由两个不同材料的金属线组成，在末端焊接在一起，通过测出不加热部位的环境温度，就可以准确知道加热点的温度。由于它必须有两种不同材质的导体，所以称之为热电偶。不同材质做出的热电偶用于不同的温度范围，它们的灵敏度也各不相同。热电偶的灵敏度是指加热点温度变化1°C时，输出电位差的变化量。对于大多数金属材料支撑的热电偶而言，这个数值在5~40 μV/°C之间。

由于热电偶温度传感器的灵敏度与材料的粗细无关，用非常细的材料也能够做成温度传感器；也由于制作热电偶的金属材料具有很好的延展性，这种细微的测温元件有极高的响应速度，可以测量快速变化的过程。

三、安装施工

🔍 学习目标

（1）能说出常用传感器的类型、作用。
（2）能正确识读传感器的图形符号，正确选择传感器。
（3）能说出传感器的常见安装方式，正确对传感器进行安装。
（4）能按照电气接线要求正确接线。

🛰 学习准备

某学院新校区智能控制系统设计方案、某学院新校区智能控制系统施工图、传感器相关资料、多媒体设备、相关国家标准、行业规范；冲击钻、手电钻、锤子、扳手、盒尺、测电笔、斜口钳、旋具、剥线钳、万用表、梯子、防水（绝缘）胶带、膨胀螺钉、自攻螺钉等；劳保用品、安全生产警示标识。

🎓 学习过程

（1）查阅资料，回答下列问题。
① 室内温度传感器安装注意哪些事项？

② 风管道温度传感器安装注意哪些事项？

③ 智能楼宇中安装压力传感器的目的是监测什么参数？

💡 小提示

传感器在智能楼宇控制系统中的应用如图 3-1-3~3-1-5 所示。

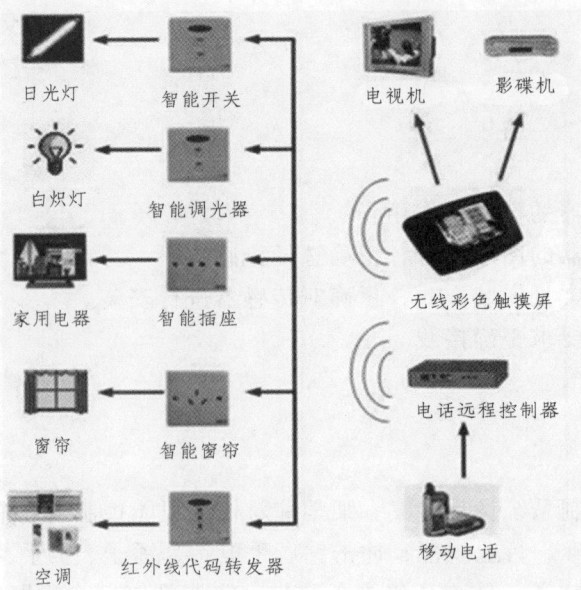

图 3-1-3 智能家居自动控制系统

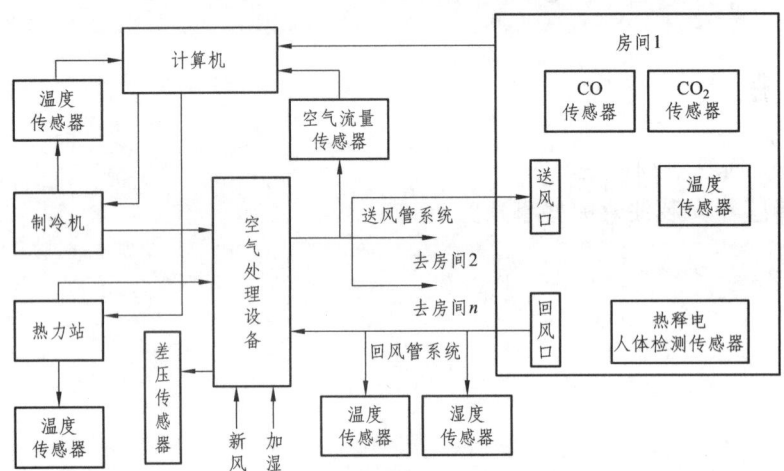

图 3-1-4 办公楼中控空调系统

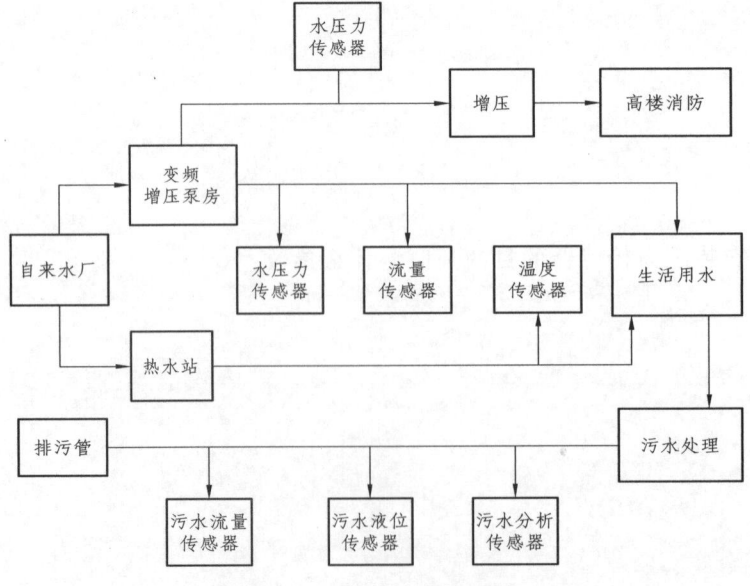

图 3-1-5 给排水监控系统

（2）根据图 3-1-6 和图 3-1-7 说明智能楼宇中所列传感器的安装方式及注意事项。

图 3-1-6　水管道温度传感器

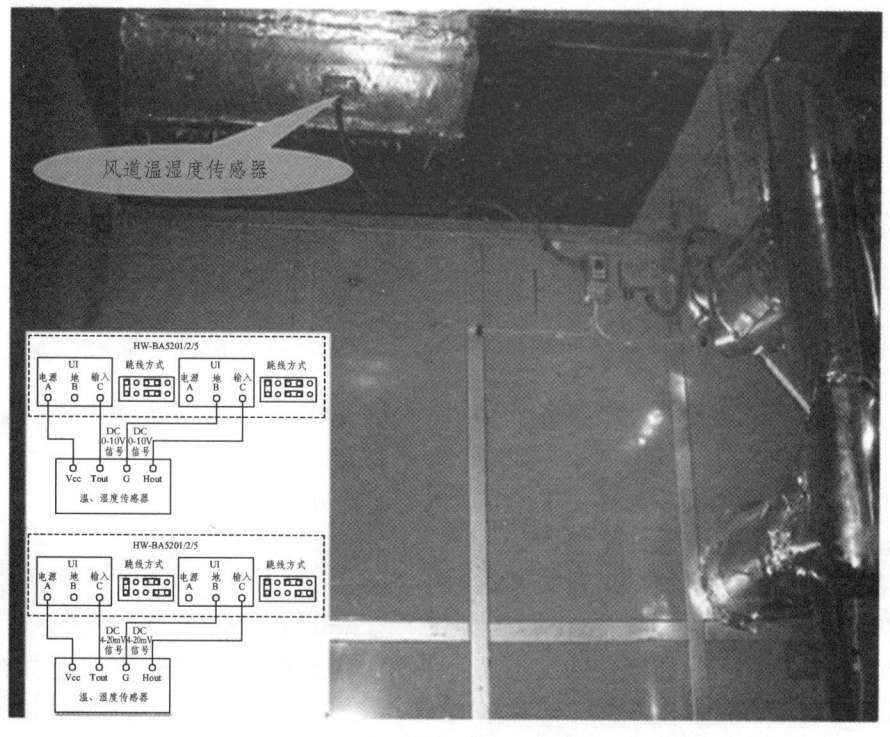

图 3-1-7　风管道温湿度传感器

（3）在教师指导下，按照智能楼宇控制系统的传感器安装工程施工图，以小组为单位，进行上述典型传感器的安装，并记录安装操作步骤及操作要点。

小提示

1. 安装温度、湿度传感器

（1）安装位置的选择。

① 温度、湿度传感器（见图3-1-8）应安装在风速平稳，能反映风道温度、湿度的位置。

图3-1-8 温度、湿度传感器

② 不要安装在阳光直射的位置，远离有较强振动、电磁干扰的区域，安装位置不应破坏建筑物外观的美观和完整性，室外温湿度传感器应有防风雨装置。

③ 应尽可能远离窗、门和出风口的位置，如无法避免则与之距离大于 2 m。

④ 并列安装的传感器，距地高度应一致。

（2）安装线路。

温度、湿度传感器到 DDC 之间的连接应符合设备要求，应尽量减少因接线引起的误差，对于 1 kΩ 铂电阻温度传感器，接线总电阻应小于 1 Ω。

（3）安装风管式温度、湿度传感器的注意事项。

① 传感器安装应在风管保温层完成后，安装在风管直管段或应避开风管死角位置和蒸汽放空口位置。

② 风管式温湿度传感器应安装在便于调试、维修的地方。

（4）安装水管温度传感器的注意事项。

① 水管温度传感器应在工艺管道预制与安装时进行。

② 水管温度传感器的开孔与焊接工作，必须在工艺管道的防腐、衬里、吹扫压力试验前进行。

③ 水管温度传感器的安装位置应在水流温度变化具有代表性的地方，不宜选择在阀门等阻力件附近或水流死角和振动较大的位置。

④ 水管型温度传感器的感温段大于管道口径的 1/2 时，可安装在管道的顶部，如感温段小于管道口径的 1/2 时，应安装在管道的侧面或底部。

2. 空气质量传感器

探测气体密度小的空气质量传感器（见图 3-1-9）应安装在风管或房间的上部，探测气体密度大的空气质量传感器应安装在风管或房间的下部。

图 3-1-9　空气质量传感器

四、工程验收

📖 学习目标

（1）能自觉按照国家标准，完成设备安装的验收。
（2）能在组内检查的时候，按照国家标准，找出存在的问题。

🔧 学习准备

传感器安装施工图、传感器相关资料、《智能建筑工程质量验收规范》（GB 50339—2013）；检验设备和工具、用具；劳保用品、安全生产警示标识。

🎓 学习过程

（1）查阅《智能建筑工程质量验收规范》（GB 50339—2013）中安全防范系统检测、监控与管理系统检测的主控项目和一般项目内容，简要列出传感器验收主要有哪方面的内容。

（2）根据《智能建筑工程质量验收规范》（GB 50339—2013）中安全防范系统检测、监控与管理系统检测的验收内容，在教师的指导下，以小组为单位，完成传感器安装工程的验收，填写设备安装竣工验收单（见表 3-1-6）。

表 3-1-6　设备安装竣工验收单

序号	设备名称	检测内容	存在的问题	检验结果	
				合格	不合格
检测机构项目负责人：			检测结论：		
检测人员签字：			检测日期：		

注：在检测结果栏，按实际情况在相应空格内打"√"。

五、学习成果展示与汇报、评价与反馈

学习目标

（1）能规范地撰写工作总结。
（2）能采用多种形式进行成果展示。
（3）能有效地进行工作总结与经验交流。

学习过程

作业班组施工任务单、探测器安装工程施工图、图例资料、产品说明书、展示用探测器、展示用设备、劳保用品、安全生产警示标识。

小组汇报

（1）小组长检查引导问题的掌握情况，老师随机抽查。
（2）评价反馈，从多方面对工作和学习过程及成果进行评价，不仅要找到缺陷，更重要的是要找到产生缺陷的原因，并做出相应的修正（见表3-1-7、表3-1-8）。
（3）小组代表进行总结性发言，提交学习成果。

表3-1-7 职业行动评价表

评价项目	评价内容	评价标准	评价方式		
			自我评价	小组评价	教师评价
职业素养	安全意识 责任意识	A 作风严谨，自觉遵章守纪，出色地完成工作任务； B 能够遵守规章制度，较好地完成工作任务； C 遵守规章制度，没完成工作任务或虽完成工作任务但未严格遵守规章制度； D 不遵守规章制度，没完成工作任务			
	学习态度 主动	A 积极参与教学活动，全勤； B 缺勤达本任务总学时的10%； C 缺勤达本任务总学时的20%； D 缺勤达本任务总学时的30%			
	团队合作 意识	A 与同学协作融洽，团结合作意识强； B 与同学能沟通，协同工作能力较强； C 与同学能沟通，协同工作能力一般； D 与同学沟通困难，协同工作能力较差			
专业能力	活动一：勘查现场	A 按时、高质量完成调研及工作页，积极参与课堂活动，表现突出； B 按时、较好地完成工作页，积极参与课堂活动； C 没按时完成工作页，不积极参与课堂活动； D 没完成工作页，不参与课堂活动			

续表

评价项目	评价内容	评价标准	评价方式		
			自我评价	小组评价	教师评价
	活动二：施工前准备	A 按时、完整地完成工作页，问题回答正确； B 按时、完整地完成工作页，问题回答基本正确； C 未能按时完成工作页，或内容遗漏、错误较多； D 未完成工作页			
	活动三：现场施工	A 学习活动成绩为 90~100 分； B 学习活动成绩为 75~89 分； C 学习活动成绩为 60~74 分； D 学习活动成绩为 0~59 分			
	活动四：总结与评价	A 学习活动成绩为 90~100 分； B 学习活动成绩为 75~89 分； C 学习活动成绩为 60~74 分； D 学习活动成绩为 0~59 分			
创新能力		学习过程中提出具有创新性、可行性的建议	加分奖励：		
学生姓名			综合评价等级		
指导教师			日 期		

表 3-1-8 职业内容与职业能力评价表

学习任务名称：_____

班级：_____ 组别：_____ 姓名：_____ 学号：_____

项 目	评价内容	每次课评价				活动总评
职业素养评价项目（老师与观察员评价）	不迟到、不早退、仪容仪表、工衣、工牌 评价方法：全部合格为 A，一个不合格为 B，两个不合格为 C，三个不合格为 D					
	资讯（获取有效的信息）：网络、书籍、产品资料、老师、同学、相关规范及标准、其他 评价方法：两种渠道以上的为 A，两种渠道的为 B，一种渠道的为 C，无为 D					
	团队合作意识：与同学合作交流、听取同学意见、表达自己的观念、协助制订工作计划、无独自一人发呆走神现象、无抵触或不参与、协调小组成员、参与小组讨论 评价方法：全部合格为 A，一个不合格为 B，两个不合格为 C，三个及三个以上不合格为 D					
	7S 管理意识：学习区、施工区、资讯区、仓储区 评价方法：全部合格为 A，一个不合格为 B，两个不合格为 C，三个不合格为 D					

续表

项目	评价内容	每次课评价	活动总评
职业能力评价项目（老师与组长评价）	当次项目工作页完成情况 评价方法：抽查引导问题，第一次成功为 A，第二次成功为 B，第三次成功为 C，第四次及以上成功的为 D		
	成果 1：_____	_____	
	成果 2：_____	_____	
	成果 3：_____	_____	
	成果 4：_____	_____	
	学习成果评价方法： 　小组抽查形式：第一次成功为 A，第二次成功为 B，第三次成功为 C，第四次及以上成功的为 D。 　个人考核形式：当次学习活动成绩 90~100 分为 A；75~89 分为 B；60~74 分为 C；0~59 分为 D		
加分项目	1. 课堂积极发言一次加 1 分； 2. 上讲台总结发言一次加 2 分； 3. 成功组织策划课件活动一次加 3 分		
加分及扣分说明			

学习情况描述	学习活动一	安排的工作任务：	日期：
		实际工作内容：	评价人：
		完成情况：	
	学习活动二	安排的工作任务：	日期：
		实际工作内容：	评价人：

学习情况描述	学习活动三	完成情况：	日期：
		安排的工作任务：	
		实际工作内容：	评价人：
		完成情况：	
教师评价			总评成绩：

学习活动二　液位传感器的安装

🔍 学习目标

（1）识读施工任务单，了解与施工任务有关的信息。
（2）能描述常用液位传感器的类型、作用。
（3）能正确识读液位传感器的图形符号，正确选择传感器。
（4）能按照液位传感器的安装方式，正确对传感器进行安装。
（5）能按照电气接线要求正确接线。
（6）能按照国家标准，完成设备安装的验收。
（7）能规范地撰写工作总结。
（8）能有效地进行工作总结与经验交流。

📋 建议学时

24学时。

一、施工准备

🔍 学习目标

（1）识读施工任务单，了解与施工任务有关的信息。

（2）能描述常用液位传感器的类型、作用。

学习准备

某学院新校区智能控制系统设计方案、某学院新校区智能控制系统施工图、液位传感器相关资料、多媒体设备、相关国家标准、行业规范；冲击钻、手电钻、锤子、扳手、盒尺、测电笔、斜口钳、旋具、剥线钳、万用表、梯子、防水（绝缘）胶带、膨胀螺钉、自攻螺钉等；劳保用品、安全生产警示标识。

学习过程

（1）查阅资料，回答下列问题。
① 液位传感器的类型有哪些？

② 识读学院智能控制系统的传感器安装施工图，列出该学院智能楼宇控制系统所需的液位传感器，填制表 3-2-1。

表 3-2-1 液位传感器列表

序号	名称	规格	图形符号	数量	安装位置
1					
2					
3					
4					
5					

（2）小组讨论，分析施工任务单的信息（见表 3-2-2），填写下面内容。
① 工程类别：敷设线管☐　敷设线缆☐　设备安装☐　设备调试☐　其他☐
② 安装地点：_____；安装内容：_____
_____
③ 安装要求：_____
_____
_____
④ 完工时间：_____。

表 3-2-2　作业班组施工任务单

工程名称：×××工业园改造工程	任务单编号：003
作业班组工种：设备安装	班组负责人姓名：
施工任务及范围安排 施工任务：按照施工图纸，完成液位传感器的安装任务 施工范围：工业园区	
要求最迟完成时间： 7个工作日	
质量交底要求及注意事项： 设备判断正确，安装过程中不得出现损坏设备的情况；设备连接时，电缆线路应留有余量	
施工员签字： 　　　　　年　　月　　日	班组长签字： 　　　　　年　　月　　日

（2）查阅资料，说说液位传感器的使用环境。

二、制订施工计划

学习目标

（1）能描述常用液位传感器的类型、作用。
（2）能正确识读液位传感器的图形符号，正确选择传感器。

学习过程

（1）识读本次工程的安装施工图，查阅资料，回答下列问题。
① 绘制液位传感器的安装接线图。

② 在选择传感器前，需要了解它的种类、特点、工作方式和使用场合，才能根据工程需要确定合适的传感器。

根据监控传感器安装施工图，查阅资料和搜索网络，并经过小组讨论，确定合适类型的传感器，同时说说确定的原因。

③ 根据配置的传感器及材料清单，领取施工用设备及工具、材料，做好施工准备。

④ 小组讨论并确定施工所需的工具、耗材，填入工具及耗材清单（见表 3-2-3）。

表 3-2-3 工具及耗材清单

序号	名称	型号与规格	单位	数量	备注
1					
2					
3					
4					
5					
6					
7					
8					
9					
10					
11					

（2）小组讨论，编写本组的施工计划（见表 3-2-4），确定计划中的重点部分，并在施工计划中标注清楚。

表 3-2-4 施工计划

施工名称		施工时间	
施工地点		项目负责人（班组长）	
施工计划内容	情况分析：		

续表

	工作任务和要求：	
	工作的方法、步骤和措施：	
	施工验收规范：	
施工人员 （签字）		项目经理 （签字）

学习拓展

液位传感器

三、安装施工

学习目标

（1）能按照温度传感器的安装方式，正确对传感器进行安装。

（2）能按照电气接线要求正确接线。

学习准备

某学院新校区智能控制系统设计方案、某学院新校区智能控制系统施工图、传感器相关资料、多媒体设备、相关国家标准、行业规范；冲击钻、手电钻、锤子、扳手、盒尺、测电笔、斜口钳、旋具、剥线钳、万用表、梯子、防水（绝缘）胶带、膨胀螺钉、自攻螺钉等；劳保用品、安全生产警示标识。

学习过程

（1）查阅资料，回答下列问题。

液位传感器安装注意哪些事项？

（2）根据图 3-2-1 和图 3-2-2 说明智能楼宇中所列传感器的安装方式及注意事项。

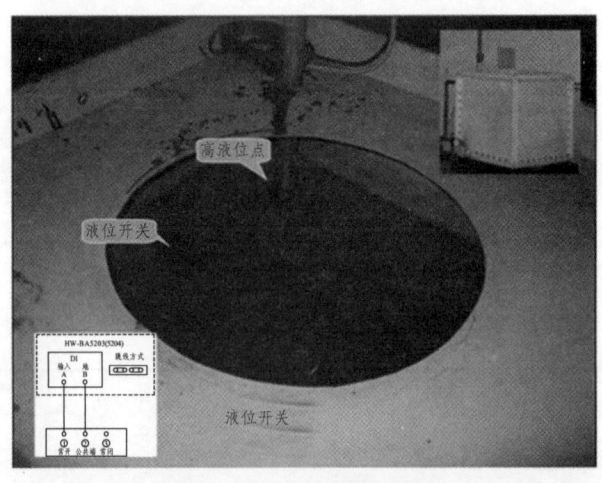

图 3-2-1　浮球阀液位开关

图 3-2-2　超声波液位传感器

四、工程验收

🔍 学习目标

（1）能自觉按照国家标准，完成设备安装的验收。
（2）能在组内检查的时候，按照国家标准，找出存在的问题。

✏️ 学习准备

传感器安装施工图、传感器相关资料、《智能建筑工程质量验收规范》（GB 50339—2013）；检验设备和工具、用具；劳保用品、安全生产警示标识。

🎓 学习过程

（1）查阅《智能建筑工程质量验收规范》（GB 50339—2013）中检测的主控项目和一般项目内容，列出传感器验收主要有哪方面的内容。

（2）根据《智能建筑工程质量验收规范》（GB 50339—2013）中的验收内容，在教师的指导下，以小组为单位，完成传感器安装工程的验收，填写下列设备安装竣工验收单（见表3-2-5）。

表3-2-5 设备安装竣工验收单

序号	设备名称	检测内容	存在的问题	检验结果	
				合格	不合格
检测机构项目负责人：		检测结论：			
检测人员签字：				检测日期：	

注：在检测结果栏，按实际情况在相应空格内打"√"。

五、学习成果展示与汇报、评价与反馈

学习目标

（1）能规范地撰写工作总结。
（2）能采用多种形式进行成果展示。
（3）能有效地进行工作总结与经验交流。

学习准备

作业班组施工任务单、液位传感器安装工程施工图、图例资料、产品说明书、展示用探测器、展示用设备、劳保用品、安全生产警示标识。

小组汇报

（1）小组长检查引导问题的掌握情况，老师随机抽查。
（2）评价反馈，从多方面对工作和学习过程及成果进行评价，不仅要找到缺陷，更重要的是要找到产生缺陷的原因，并做出相应的修正（见表 3-2-6、表 3-2-7）。
（3）小组代表进行总结性发言，提交学习成果。

表 3-2-6 职业行动评价表

评价项目	评价内容	评价标准	评价方式		
			自我评价	小组评价	教师评价
职业素养	安全意识责任意识	A 作风严谨，自觉遵章守纪，出色地完成工作任务； B 能够遵守规章制度，较好地完成工作任务； C 遵守规章制度，没完成工作任务或虽完成工作任务但未严格遵守规章制度； D 不遵守规章制度，没完成工作任务			
	学习态度主动	A 积极参与教学活动，全勤； B 缺勤达本任务总学时的 10%； C 缺勤达本任务总学时的 20%； D 缺勤达本任务总学时的 30%			
	团队合作意识	A 与同学协作融洽，团结合作意识强； B 与同学能沟通，协同工作能力较强； C 与同学能沟通，协同工作能力一般； D 与同学沟通困难，协同工作能力较差			
专业能力	活动一：勘查现场	A 按时、高质量完成调研及工作页，积极参与课堂活动，表现突出； B 按时、较好地完成工作页，积极参与课堂活动； C 没按时完成工作页，不积极参与课堂活动； D 没完成工作页，不参与课堂活动			

续表

评价项目	评价内容	评价标准	评价方式		
			自我评价	小组评价	教师评价
专业能力	活动二：施工前准备	A 按时、完整地完成工作页，问题回答正确； B 按时、完整地完成工作页，问题回答基本正确； C 未能按时完成工作页，或内容遗漏、错误较多； D 未完成工作页			
	活动三：现场施工	A 学习活动成绩为 90~100 分； B 学习活动成绩为 75~89 分； C 学习活动成绩为 60~74 分； D 学习活动成绩为 0~59 分			
	活动四：总结与评价	A 学习活动成绩为 90~100 分； B 学习活动成绩为 75~89 分； C 学习活动成绩为 60~74 分； D 学习活动成绩为 0~59 分			
创新能力	学习过程中提出具有创新性、可行性的建议		加分奖励：		
学生姓名		综合评价等级			
指导教师		日　　期			

表 3-2-6　职业内容与职业能力评价表

学习任务名称：_____

班级：_____　组别：_____　姓名：_____　学号：_____

项目	评价内容	每次课评价					活动总评
职业素养评价项目（老师与观察员评价）	不迟到、不早退、仪容仪表、工衣、工牌 评价方法：全部合格为 A，一个不合格为 B，两个不合格为 C，三个不合格为 D						
	资讯（获取有效的信息）：网络、书籍、产品资料、老师、同学、相关规范及标准、其他 评价方法：两种渠道以上的为 A，两种渠道的为 B，一种渠道的为 C，无为 D						
	团队合作意识：与同学合作交流、听取同学意见、表达自己的观念、协助制订工作计划、无独自一人发呆走神现象、无抵触或不参与、协调小组成员、参与小组讨论 评价方法：全部合格为 A，一个不合格为 B，两个不合格为 C，三个及三个以上不合格为 D						
	7S 管理意识：学习区、施工区、资讯区、仓储区 评价方法：全部合格为 A，一个不合格为 B，两个不合格为 C，三个不合格为 D						

续表

项 目	评价内容	每次课评价	活动总评
职业能力评价项目（老师与组长评价）	当次项目工作页完成情况 评价方法：抽查引导问题，第一次成功为 A，第二次成功为 B，第三次成功为 C，第四次及以上成功的为 D		
	成果 1：＿＿＿＿＿＿＿＿＿＿＿＿＿＿＿＿＿＿＿		
	成果 2：＿＿＿＿＿＿＿＿＿＿＿＿＿＿＿＿＿＿＿		
	成果 3：＿＿＿＿＿＿＿＿＿＿＿＿＿＿＿＿＿＿＿		
	成果 4：＿＿＿＿＿＿＿＿＿＿＿＿＿＿＿＿＿＿＿		
	学习成果评价方法： 　　小组抽查形式：第一次成功为 A，第二次成功为 B，第三次成功为 C，第四次及以上成功的为 D。 　　个人考核形式：当次学习活动成绩 90~100 分为 A；75~89 分为 B；60~74 分为 C；0~59 分为 D		
加分项目	1. 课堂积极发言一次加 1 分； 2. 上讲台总结发言一次加 2 分； 3. 成功组织策划课件活动一次加 3 分		
加分及扣分说明			

学习情况描述	学习活动一	安排的工作任务：	日期：
		实际工作内容：	评价人：
		完成情况：	
	学习活动二	安排的工作任务：	日期：
		实际工作内容：	评价人：

续表

学习情况描述	学习活动三	完成情况：	日期：
		安排的工作任务：	
		实际工作内容：	评价人：
		完成情况：	
教师评价		总评成绩：	

学习活动三　压差传感器的安装

学习目标

（1）识读施工任务单，了解与施工任务有关的信息。
（2）能描述常用压差传感器的类型、作用。
（3）能正确识读压差传感器的图形符号，正确选择传感器。
（4）能按照压差传感器的安装方式，正确对传感器进行安装。
（5）能按照电气接线要求正确接线。
（6）能按照国家标准，完成设备安装的验收。
（7）能规范地撰写工作总结。
（8）能有效地进行工作总结与经验交流。

建议学时

24学时。

一、施工准备

学习目标

（1）能描述常用压差传感器的类型、作用。
（2）能正确识读压差传感器的图形符号。

学习准备

某学院新校区智能控制系统设计方案、某学院新校区智能控制系统施工图、压差传感器相关资料、多媒体设备、相关国家标准、行业规范；冲击钻、手电钻、锤子、扳手、盒尺、测电笔、斜口钳、旋具、剥线钳、万用表、梯子、防水（绝缘）胶带、膨胀螺钉、自攻螺钉等；劳保用品、安全生产警示标识。

学习过程

（1）查阅资料，回答下列问题。
① 压差传感器的作用是什么？

② 识读学院智能控制系统的传感器安装施工图，列出该学院智能楼宇控制系统所需的压差传感器，填制表 3-3-1。

表 3-3-1　压差传感器列表

序号	名称	规格	图形符号	数量	安装位置
1					
2					
3					
4					
5					

（2）小组讨论，分析施工任务单的信息（见表 3-3-2），填写下面内容。
① 工程类别：敷设线管□　敷设线缆□　设备安装□　设备调试□　其他□
② 安装地点：_____；安装内容：_____
_____
③ 安装要求：_____
_____
④ 完工时间：_____。

表 3-3-2　作业班组施工任务单

工程名称：×××工业园改造工程	任务单编号：003
作业班组工种：设备安装	班组负责人姓名：
施工任务及范围安排 施工任务：按照施工图纸，完成压差传感器的安装任务 施工范围：工业园区	
要求最迟完成时间： 7个工作日	
质量交底要求及注意事项： 设备判断正确，安装过程中不得出现损坏设备的情况；设备连接时，电缆线路应留有余量	
施工员签字： 年　月　日	班组长签字： 年　月　日

（3）查阅资料，说说压差传感器的使用环境。

二、制订施工计划

学习目标

（1）能正确识读压差传感器的图形符号，正确选择传感器。
（2）能按照压差传感器的安装方式，正确对传感器进行安装。

学习过程

（1）识读本次工程的安装施工图，查阅资料，回答下列问题。
① 绘制压差传感器的安装接线图。

② 在选择传感器前，需要了解它的种类、特点、工作方式和使用场合，才能根据工程需要确定合适的传感器。

根据监控传感器安装施工图，查阅资料和搜索网络，并经过小组讨论，确定合适类型的传感器，同时说说确定的原因。

③ 根据配置的传感器及材料清单，领取施工用设备及工具、材料，做好施工准备。

④ 小组讨论并确定施工所需的工具、耗材，填入工具及耗材清单（见表 3-3-3）。

表 3-3-3 工具及耗材清单

序号	名称	型号与规格	单位	数量	备注
1					
2					
3					
4					
5					
6					
7					
8					
9					
10					
11					
12					
13					
14					

（2）小组讨论，编写本组的施工计划（见表 3-3-4），确定计划中的重点部分，并在施工计划中标注清楚。

表 3-3-4 施工计划

施工名称		施工时间	
施工地点		项目负责人（班组长）	
施工计划内容	情况分析： 工作任务和要求： 		

续表

	工作的方法、步骤和措施：		
	施工验收规范：		
施工人员 （签字）		项目经理 （签字）	

学习拓展

1. 压差传感器

压差传感器是用于探测空气压力、空气压差的设备，在楼宇自控系统中，主要应用于风机的运行状态的监测，以及监测过滤器的阻塞情况。

① 最大压力：300 mbar（1 mbar=100 Pa）；
② 压差范围：2~10 mbar；
③ 输出：无源触点；
④ 信号线：RVV2×1.0（无极性）。

2. 压差传感器的工作原理

由两个传感孔检测到的压差，作用于控制器薄膜的两面。当两侧压差大于设定值，弹簧承托的薄膜移动并启动开关。当探测微量正压时，只需使用高压连接端而不用连接低压端；若探测真空度时，便只需使用低压连接端，而另一端则连通大气。

三、安装施工

学习目标

（1）能说出压差传感器的常见安装方式，正确对传感器进行安装。
（2）能按照电气接线要求正确接线。

智能楼宇现场设备安装

学习准备

某学院新校区智能控制系统设计方案、某学院新校区智能控制系统施工图、传感器相关资料、多媒体设备、相关国家标准、行业规范；冲击钻、手电钻、锤子、扳手、盒尺、测电笔、斜口钳、旋具、剥线钳、万用表、梯子、防水（绝缘）胶带、膨胀螺钉、自攻螺钉等；劳保用品、安全生产警示标识。

学习过程

（1）查阅资料并结合图 3-3-1，回答下列问题。

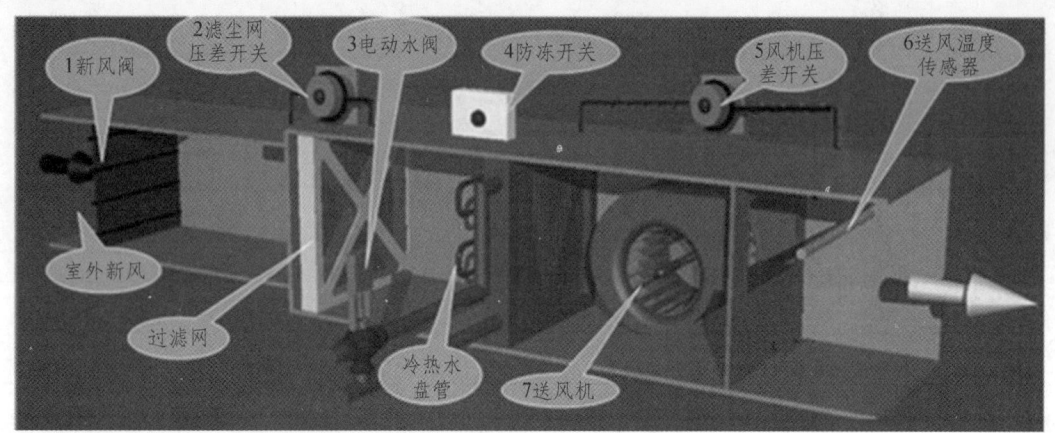

图 3-3-1 压差开关安装示意图

压差传感器安装注意哪些事项？

（2）根据图 3-3-2 说明智能楼宇中所列传感器的安装方式及注意事项。

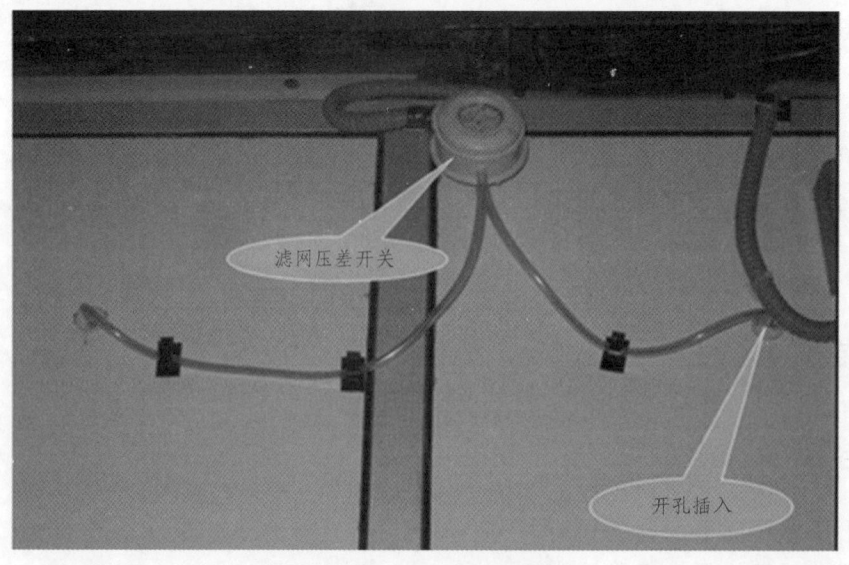

图 3-3-2 滤尘网压差开关

四、工程验收

学习目标

（1）能自觉按照国家标准，完成设备安装的验收。
（2）能在组内检查的时候，按照国家标准，找出存在的问题。

学习准备

传感器安装施工图、传感器相关资料、《智能建筑工程质量验收规范》（GB 50339—2013）；检验设备和工具、用具；劳保用品、安全生产警示标识。

学习过程

（1）查阅《智能建筑工程质量验收规范》（GB 50339—2013）中检测的主控项目和一般项目内容，简要列出传感器验收主要有哪方面的内容。

（2）根据《智能建筑工程质量验收规范》（GB 50339—2013）中的验收内容，在教师的指导下，以小组为单位，完成传感器安装工程的验收，填写下列设备安装竣工验收单（见表3-3-5）。

表3-3-5 设备安装竣工验收单

序号	设备名称	检测内容	存在的问题	检验结果	
				合格	不合格

检测机构项目负责人：	检测结论：
检测人员签字：	检测日期：

注：在检测结果栏，按实际情况在相应空格内打"√"。

五、学习成果展示与汇报、评价与反馈

学习目标

（1）能规范地撰写工作总结。

（2）能采用多种形式进行成果展示。
（3）能有效地进行工作总结与经验交流。

学习准备

作业班组施工任务单、压差传感器安装工程施工图、图例资料、产品说明书、展示用探测器、展示用设备、劳保用品、安全生产警示标识。

小组汇报

（1）小组长检查引导问题的掌握情况，老师随机抽查。
（2）评价反馈，从多方面对工作和学习过程及成果进行评价，不仅要找到缺陷，更重要的是要找到产生缺陷的原因，并做出相应的修正（见表3-3-6、表3-3-7）。
（3）小组代表进行总结性发言，提交学习成果。

表3-3-6 职业行动评价表

评价项目	评价内容	评价标准	评价方式		
			自我评价	小组评价	教师评价
职业素养	安全意识责任意识	A 作风严谨，自觉遵章守纪，出色地完成工作任务； B 能够遵守规章制度，较好地完成工作任务； C 遵守规章制度，没完成工作任务或虽完成工作任务但未严格遵守规章制度； D 不遵守规章制度，没完成工作任务			
	学习态度主动	A 积极参与教学活动，全勤； B 缺勤达本任务总学时的10%； C 缺勤达本任务总学时的20%； D 缺勤达本任务总学时的30%			
	团队合作意识	A 与同学协作融洽，团结合作意识强； B 与同学能沟通，协同工作能力较强； C 与同学能沟通，协同工作能力一般； D 与同学沟通困难，协同工作能力较差			
专业能力	活动一：勘查现场	A 按时、高质量完成调研及工作页，积极参与课堂活动，表现突出； B 按时、较好地完成工作页，积极参与课堂活动； C 没按时完成工作页，不积极参与课堂活动； D 没完成工作页，不参与课堂活动			
	活动二：施工前准备	A 按时、完整地完成工作页，问题回答正确； B 按时、完整地完成工作页，问题回答基本正确； C 未能按时完成工作页，或内容遗漏、错误较多； D 未完成工作页			
	活动三：现场施工	A 学习活动成绩为90~100分； B 学习活动成绩为75~89分； C 学习活动成绩为60~74分； D 学习活动成绩为0~59分			

续表

评价项目	评价内容	评价标准	评价方式		
			自我评价	小组评价	教师评价
	活动四：总结与评价	A 学习活动成绩为 90~100 分； B 学习活动成绩为 75~89 分； C 学习活动成绩为 60~74 分； D 学习活动成绩为 0~59 分			
	创新能力	学习过程中提出具有创新性、可行性的建议	加分奖励：		
	学生姓名		综合评价等级		
	指导教师		日　　期		

表 3-3-7　职业内容与职业能力评价表

学习任务名称：_____

班级：_____　组别：_____　姓名：_____　学号：_____

项　目	评价内容	每次课评价					活动总评
职业素养评价项目（老师与观察员评价）	不迟到、不早退、仪容仪表、工衣、工牌 评价方法：全部合格为 A，一个不合格为 B，两个不合格为 C，三个不合格为 D						
	资讯（获取有效的信息）：网络、书籍、产品资料、老师、同学、相关规范及标准、其他 评价方法：两种渠道以上的为 A，两种渠道的为 B，一种渠道的为 C，无为 D						
	团队合作意识：与同学合作交流、听取同学意见、表达自己的观念、协助制订工作计划、无独自一人发呆走神现象、无抵触或不参与、协调小组成员、参与小组讨论 评价方法：全部合格为 A，一个不合格为 B，两个不合格为 C，三个及三个以上不合格为 D						
	7S 管理意识：学习区、施工区、资讯区、仓储区 评价方法：全部合格为 A，一个不合格为 B，两个不合格为 C，三个不合格为 D						
职业能力评价项目（老师与组长评价）	当次项目工作页完成情况 评价方法：抽查引导问题，第一次成功为 A，第二次成功为 B，第三次成功为 C，第四次及以上成功的为 D						
	成果 1：_____						
	成果 2：_____						
	成果 3：_____						

续表

项 目	评价内容	每次课评价	活动总评
	成果 4：_____	_____	
职业能力评价项目（老师与组长评价）	学习成果评价方法： 　小组抽查形式：第一次成功为 A，第二次成功为 B，第三次成功为 C，第四次及以上成功的为 D。 　个人考核形式：当次学习活动成绩 90~100 分为 A；75~89 分为 B；60~74 分为 C；0~59 分为 D		
加分项目	1. 课堂积极发言一次加 1 分； 2. 上讲台总结发言一次加 2 分； 3. 成功组织策划课件活动一次加 3 分		
加分及扣分说明			

学习情况描述	学习活动一	安排的工作任务：	日期：
		实际工作内容：	评价人：
		完成情况：	
	学习活动二	安排的工作任务：	日期：
		实际工作内容：	评价人：
		完成情况：	
	学习活动三	安排的工作任务：	日期：
			评价人：

续表

	实际工作内容：	
	完成情况：	
教师评价		总评成绩：

学习任务四　驱动器及执行器的安装

【学习目标】

（1）能查阅驱动器及执行器安装手册或搜索相关信息，获取常见驱动器及执行器安装调试方法。
（2）能看懂工作任务单，明确自己的工作任务。
（3）能选用安装工具、设备与材料。
（4）能按照施工图及施工要求完成风阀驱动器及执行器设备的安装。
（5）能使风阀驱动器及执行器的安装满足控制要求。
（6）能完成风阀驱动器及执行器的机械调试、线路测试，发现问题原因，制定调整方案并执行，合格后正确填写施工交接单并交付。
（7）能根据完成的工作内容进行质量反馈与评价。
（8）能执行现场 7S 的工作管理。
（9）能按照工作要求，执行本岗位工作流程，规范编写工作总结，并交流。

【建议学时】

48 学时。

【任务描述】

某学院东校区教学车间进行空调系统改造，某数字工作室承接了此项改造工程。本工程在项目经理指挥下已完成了制冷主机的安装，现在要进行空气处理器中的驱动器及执行器的安装。

学习活动一　风阀驱动器及执行器的安装

一、制订施工计划

学习目标

（1）能正确识读施工文件，认知图例。
（2）能根据工程施工文件，填写施工任务单。
（3）能制订施工计划。

建议学时

24 学时。

学习准备

空气处理器的相关资料、空调系统改造工程施工文件、驱动器相关资料、执行器相关资料、多媒体设备、相关国家标准、行业规范、劳保用品。

学习过程

空调机组控制系统可以通过空调机组向特定区域提供经过处理的空气，使特定区域的环境保持舒适性（厂区要达到规定温湿度要求），系统的传感器通过检测温湿度参数，与设定值进行比较，通过直接数字控制器（DDC）计算以控制风阀开度、设备启停，同时实时检测各设备状态及时报警，以便维修人员能够对设备进行及时检修和维护。

（1）查阅资料，说说空调系统的组成。

（2）要想完成对空调的统一控制，需要哪些关键的元器件？它们在施工图中采用什么图形符号表示？

（3）空调系统常用驱动器的种类有哪些？

（4）空调系统常用的执行器按动力形式不同可以分为哪几种？

（5）常用执行器按运动形式不同可以分为哪几种？

（6）暖通空调系统冷、热水表面处理器的水流控制应选用什么类型的电动执行器？

（7）简述驱动器控制方式的种类及控制方法。

（8）举例说明目前市场上常用的微型电动阀门，并说明电动阀门的应用场合。

（9）结合学院空调改造工程的要求，参考空调改造工程文件，填写施工任务单（见表 4-1-1）。

表 4-1-1 施工任务单

记录号： 时间：

施工单位		施工部位	
施工时段			
内容：			
签发人		接受人	

（10）勘查施工现场，识读施工图，小组讨论，编写施工计划。

（11）在施工计划中确定小组工作人员应承担的工作任务。如果分担的工作任务出现问题，应该通过什么样的流程来解决处理问题？

小提示

1. 阀　门

阀门是流体管路的控制装置，其基本功能是接通或切断管路介质的流通，改变介质的流通，改变介质的流动方向，调节介质的压力和流量，保护管路设备的正常运行，如图 4-1-1 所示。

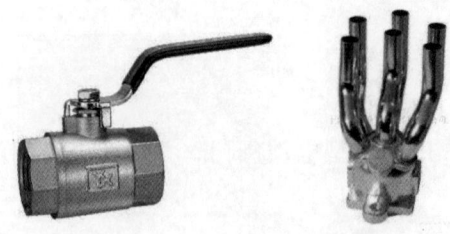

图 4-1-1　空调用阀门

阀门分为两类：第一类为自动阀门，可以依靠介质（液体、气体）本身的能力而自行动作，如止回阀、安全阀、调节阀、疏水阀、减压阀等；第二类为驱动阀门，可以借助手动、电动、液动、气动来操纵动作，如闸阀、截止阀、节流阀、蝶阀、球阀、旋塞阀等。

2. 驱动器

在智能楼宇控制系统中，驱动器接收控制信号，驱动执行装置工作，并将信号反馈给控制系统，是整个自动控制系统实现控制的设备，如图4-1-2所示。驱动器按照动力源分类有气动、液动、电动等，主要控制或调节的对象为装于风管、水管的阀门、风门。

图 4-1-2　风阀驱动器

3. 执行器

执行器是一种自动控制领域的常用机电一体化设备（器件）。它可以对一些设备和装置进行自动操作，控制其开关和调节，代替传统的人工作业，如图4-1-3所示。

图 4-1-3　执行器

按动力类型分类，执行器可分为气动、液动、电动、电液动等几类。电动型执行器又包括多种结构和形式：组合式结构、机电一体化结构、电气控制型、电子控制型、智能控制型、数字型、模拟型、手动接触调试型、红外线遥控调试型等。由于用电作为动力的执行器具有其他类型执行器所不可比拟的优势，因此电动型执行器发展最快、应用面较广。

按运动形式分类，执行器还可分为直行程、角行程、回转型、多转式等几类。

二、施工准备

学习目标

（1）能识读施工图，辨别驱动器及执行器的图形符号及其含义、规格。

(2)能选择合适的施工工具和材料。
(3)能换算公制、英制,并了解螺纹的公制、英制角度。
(4)能对工程所用线缆和紧固件的规格、数量、质量进行检查。

学习准备

空气处理器相关资料、多媒体设备、相关国家标准、行业规范、劳保用品。

学习过程

任务描述:根据施工现场条件,进行工作分工,选择施工工具和辅材,向工程后勤部门提交一份工具清单和辅材清单。

(1)查阅资料,识读驱动器及执行器施工图,抄画图样中标注的驱动器、执行器符号,并写出对应的名称、规格、数量。

(2)施工中必要的工具有哪些?一般工作人员都会配备哪几样工具?填写下列工具、材料清单(见表 4-1-2)。

表 4-1-2 工具、材料清单

序号	名称	规格及型号	数量	备注

（3）处理日常维修维护问题时，必须使用什么工具？

（4）公制、英制的换算方法是什么？公制、英制的螺纹角度分别是多少？

（5）检查工程所用线缆和紧固件的规格、数量、质量，将不合格产品单独记录和存放。

小提示

常用紧固件的规格参照表 4-1-3。

表 4-1-3　常用的普通螺纹直径与螺距系列（GB/T 193—2003）　　　　mm

公称直径 D、d			螺距 P									
第 1 系列	第 2 系列	第 3 系列	粗牙	细牙								
				3	2	1.5	1.25	1	0.75	0.5	0.35	0.25	0.2
1			0.25										0.2
	1.1		0.25										0.2
1.2			0.25										0.2
	1.4		0.3										0.2
1.6			0.35										0.2
	1.8		0.35										0.2
2			0.4									0.25	
	2.2		0.45									0.25	
2.5			0.45								0.35		
3			0.5								0.35		
	3.5		0.6								0.35		
4			0.7							0.5			
	4.5		0.75							0.5			

续表

公称直径 D、d			螺距 P									
			粗牙	细牙								
第1系列	第2系列	第3系列		3	2	1.5	1.25	1	0.75	0.5	0.35	0.25	0.2
5			0.8							0.5			
		5.5								0.5			
6			1						0.75				
	7		1						0.75				
8			1.25					1	0.75				
		9	1.25					1	0.75				
10			1.5				1.25	1	0.75				
	11		1.5			1.5		1	0.75				
12			1.75				1.25	1					
	14		2			1.5		1					
		15				1.5		1					
16			2			1.5		1					
		17				1.5		1					
	18		2.25		2	1.5		1					
20			2.5		2	1.5		1					

三、安装施工

🔍 学习目标

（1）能正确对驱动器及执行器进行机械安装。
（2）能按照电气接线要求正确接线。

学习准备

施工规范、施工任务单、施工图、驱动器及执行器的产品说明书；冲击钻、手电钻、锤子、扳手、盒尺、测电笔、斜口钳、旋具、剥线钳、万用表、梯子、防水（绝缘）胶带、膨胀螺钉、自攻螺钉等；劳保用品、安全生产警示标识。

学习过程

（1）查阅资料，写出阀门的安装要求。

（2）查阅资料，写出阀门安装的施工注意事项。

（3）查阅资料，写出电动执行器的安装要求。

（4）绘出电动执行器正确的安装方位图。

（5）查阅资料，找出相应的风阀驱动器的安装与连接图，并抄画简图。

（6）查阅资料，写出电动风阀驱动器的安装注意事项。

（7）在教师指导下，以小组为单位，完成以下安装工作。
① 进行驱动器及执行器的机械安装，记录操作步骤及要点。

② 按产品说明书上的要求对设备进行电气接线，记录接线步骤和要点。

 学习拓展

1. 风阀驱动器

风阀驱动器用来调节控制风阀，广泛应用于采暖、通风、空调、制冷等楼宇自控，如图 4-1-4 所示。风阀驱动器提供 8~24 N·m 的扭矩。每种扭矩的驱动器有两种型号可供选择：

图 4-1-4　风阀驱动器

- 数字（3点）式输入；
- 0（2）~10 V 和 0（4）~20 mA 比例式输入。

控制信号及旋转方向的选择如图 4-1-5 所示。

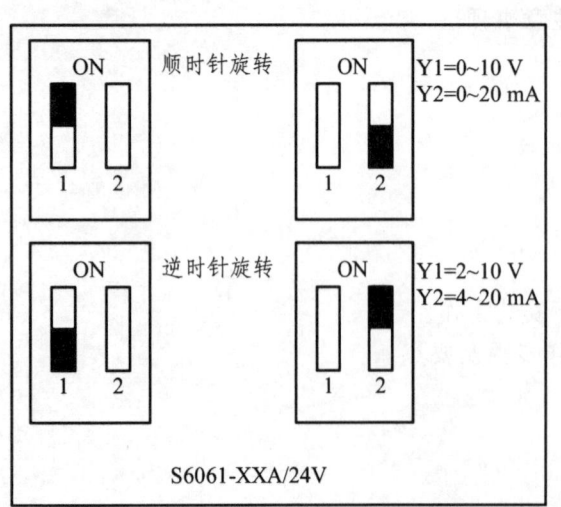
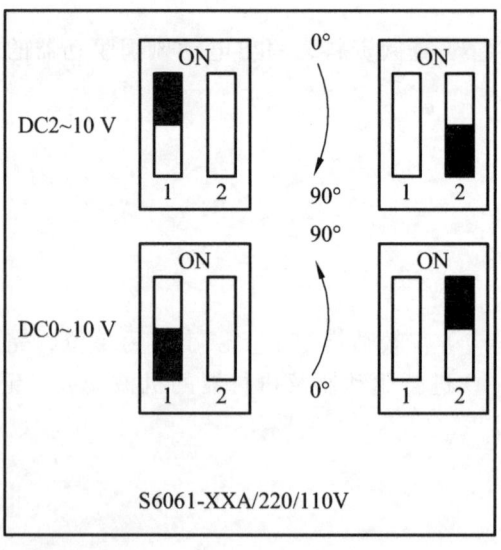

图 4-1-5　控制信号及旋转方向的选择

2. 风阀执行器

风阀执行器按照风阀驱动器的驱动信号，执行风阀的开启或关闭角度，通常与风阀驱动器一体化设计。

执行器（final controlling element）是自动化技术工具中接收控制信息并对受控对象施加控制作用的装置。执行器也是控制系统正向通路中直接改变操纵变量的仪表，由执行机构和调节机构组成。

四、施工验收

学习目标

（1）能正确使用常用测试仪表进行调试。
（2）能按照标准进行使用和维修。
（3）能编写测试报告。

学习准备

空调系统改造工程施工方案、驱动器及执行器安装施工图、驱动器及执行器的相关资料、多媒体设备、测试标准、相关国家标准、行业规范；万用表、兆欧表等检测设备、工具；劳保用品、安全生产警示标识。

学习过程

（1）查阅资料，写出电动阀门调试施工条件及施工前准备工作。

（2）在教师指导下，以小组为单位，完成以下调试和测试工作。

① 进行驱动器信号线路、配电线路测试，记录测试步骤及要点，记录测试数据，判断测试结果是否合格。

② 查阅资料，小组讨论和分析产生不合格的原因，确定驱动器的调整方案并实施。

③ 进行风阀执行器的机械调试、线路测试，记录机械调试、线路测试操作步骤及要点，记录测试的过程数据，判断测试结果是否合格。

④ 查阅资料，小组讨论和分析产生不合格的原因，确定风阀驱动器的调整方案并实施。

（3）风阀驱动器及执行器安装工程经过检验合格后，填写施工交接单（见表4-1-4）。

表4-1-4　施工交接单

工程名称			编号	
交接部位			交接时间	
目前交接部位完成情况				
质量进度方面				
安全文明方面				
其他方面				
存在问题			完成时间	
签字栏				
移交单位名称			责任人	
接收单位名称			责任人	
监理见证人签字				

（4）根据《智能建筑工程质量验收规范》（GB 50339—2013）中的验收内容，在教师的指导下，以小组为单位，完成安装工程的验收，填写设备安装竣工验收单（见表 4-1-5）。

表 4-1-5　设备安装竣工验收单

序号	设备名称	检测内容	存在的问题	检验结果	
				合格	不合格
检测机构项目负责人：			检测结论：		
检测人员签字：				检测日期：	

注：在检测结果栏，按实际情况在相应空格内打"√"。

小提示

1. 阀门电动装置

它是用电力驱动启闭或调节阀门的装置。电动驱动装置具有动力源广泛、操作迅速、方便操作等特点，并且容易满足各种控制要求。所以，在阀门驱动装置中，电动装置占主导地位。

2. 阀门电动装置的分类

阀门电动装置按输入方式，可分为多回转型（Z 型）和部分回转型（Q 型）两种。前者用于升降杆类阀门，包括闸阀、截止阀、节流阀、隔膜阀等；后者用于回转杆类阀门，包括球阀、旋塞阀、蝶阀等，通常在 90°范围内启闭。

阀门电动装置按防护类型，可分为普通型和特殊防护型两大类。

3. 电动阀门的功能

阀门的控制量为阀门开度。在应用场合往往会根据实际需要将阀门开或关，或者开到一定程度，甚至动态地以某种规律开关。在传统的模拟控制方式中，用时间、电流的大小来表示阀门的开启角度。

4. 电动阀与电磁阀的区别

电磁阀是电磁线圈通电后产生磁力吸引克服弹簧的压力带动阀芯动作。其结构简单，价格便宜，只能实现开关。

电动阀是通过电动机驱动阀杆，带动阀芯动作。电动阀又分关断阀和调节阀。关断阀是两位式的工作，即全开和全关；调节阀是在上面安装电动阀门定位器，通过闭环调节来使阀门动态地稳定在一个位置上。

5. 电动阀和电磁阀的用途

电磁阀用于液体或气体管路的开关控制，是两位 DO 控制，一般用于小型管道的控制。

电动阀用于液体、气体和风系统管道介质流量的模拟量调节，是 AO 控制，在大型阀门和风系统的控制中也可以用电动阀作两位开关控制。

五、学习成果展示与汇报、评价与反馈

学习目标

（1）能规范地撰写工作总结。
（2）能采用多种形式进行成果展示。
（3）能有效地进行工作总结与经验交流。

学习准备

作业班组施工任务单、驱动器与执行器安装工程施工图、图例资料、产品说明书、展示用探测器、展示用设备、劳保用品、安全生产警示标识。

小组汇报

（1）小组长检查引导问题的掌握情况，老师随机抽查。
（2）评价反馈，从多方面对工作和学习过程及成果进行评价，不仅要找到缺陷，更重要的是要找到产生缺陷的原因，并做出相应的修正（见表 4-1-6、表 4-1-7）。
（3）小组代表进行总结性发言，提交学习成果。

表 4-1-6 职业行动评价表

评价项目	评价内容	评价标准	评价方式		
			自我评价	小组评价	教师评价
职业素养	安全意识责任意识	A 作风严谨，自觉遵章守纪，出色地完成工作任务； B 能够遵守规章制度，较好地完成工作任务； C 遵守规章制度，没完成工作任务或虽完成工作任务但未严格遵守规章制度； D 不遵守规章制度，没完成工作任务			
	学习态度主动	A 积极参与教学活动，全勤； B 缺勤达本任务总学时的 10%； C 缺勤达本任务总学时的 20%； D 缺勤达本任务总学时的 30%			
	团队合作意识	A 与同学协作融洽，团结合作意识强； B 与同学能沟通，协同工作能力较强； C 与同学能沟通，协同工作能力一般； D 与同学沟通困难，协同工作能力较差			

续表

评价项目	评价内容	评价标准	评价方式		
			自我评价	小组评价	教师评价
专业能力	活动一：勘查现场	A 按时、高质量完成调研及工作页，积极参与课堂活动，表现突出； B 按时、较好地完成工作页，积极参与课堂活动； C 没按时完成工作页，不积极参与课堂活动； D 没完成工作页，不参与课堂活动			
	活动二：施工前准备	A 按时、完整地完成工作页，问题回答正确； B 按时、完整地完成工作页，问题回答基本正确； C 未能按时完成工作页，或内容遗漏、错误较多； D 未完成工作页			
	活动三：现场施工	A 学习活动成绩为 90~100 分； B 学习活动成绩为 75~89 分； C 学习活动成绩为 60~74 分； D 学习活动成绩为 0~59 分			
	活动四：总结与评价	A 学习活动成绩为 90~100 分； B 学习活动成绩为 75~89 分； C 学习活动成绩为 60~74 分； D 学习活动成绩为 0~59 分			
创新能力		学习过程中提出具有创新性、可行性的建议	加分奖励：		
学生姓名			综合评价等级		
指导教师			日　期		

表 4-1-7　职业内容与职业能力评价表

学习任务名称：_____

班级：_____　　组别：_____　　姓名：_____　　学号：_____

项目	评价内容	每次课评价			活动总评
职业素养评价项目（老师与观察员评价）	不迟到、不早退、仪容仪表、工衣、工牌 评价方法：全部合格为 A，一个不合格为 B，两个不合格为 C，三个不合格为 D				
	资讯（获取有效的信息）：网络、书籍、产品资料、老师、同学、相关规范及标准、其他 评价方法：两种渠道以上的为 A，两种渠道的为 B，一种渠道的为 C，无为 D				

续表

项目	评价内容	每次课评价	活动总评
职业素养评价项目（老师与观察员评价）	团队合作意识：与同学合作交流、听取同学意见、表达自己的观念、协助制订工作计划、无独自一人发呆走神现象、无抵触或不参与、协调小组成员、参与小组讨论 评价方法：全部合格为 A，一个不合格为 B，两个不合格为 C，三个及三个以上不合格为 D 7S 管理意识：学习区、施工区、资讯区、仓储区 评价方法：全部合格为 A，一个不合格为 B，两个不合格为 C，三个不合格为 D		
职业能力评价项目（老师与组长评价）	当次项目工作页完成情况 评价方法：抽查引导问题，第一次成功为 A，第二次成功为 B，第三次成功为 C，第四次及以上成功的为 D		
	成果1：_____		
	成果2：_____		
	成果3：_____		
	成果4：_____		
	学习成果评价方法： 　小组抽查形式：第一次成功为 A，第二次成功为 B，第三次成功为 C，第四次及以上成功的为 D。 　个人考核形式：当次学习活动成绩 90~100 分为 A；75~89 分为 B；60~74 分为 C；0~59 分为 D		
加分项目	1. 课堂积极发言一次加 1 分； 2. 上讲台总结发言一次加 2 分； 3. 成功组织策划课件活动一次加 3 分		
加分及扣分说明			
学习情况描述	学习活动一	安排的工作任务：	日期：
		实际工作内容：	评价人：
		完成情况：	

续表

		安排的工作任务:	日期:
学习活动二		实际工作内容:	评价人:
		完成情况:	
学习活动三		安排的工作任务:	日期:
		实际工作内容:	评价人:
		完成情况:	
教师评价			总评成绩:

学习活动二　水阀驱动器及执行器的安装

一、制订施工计划

🔍 学习目标

（1）能正确识读施工文件，认知图例。
（2）能根据工程施工文件，填写施工任务单。
（3）能制订施工计划。

📋 建议学时

24 学时。

学习准备

水阀驱动器及执行器的相关资料、空调系统改造工程施工文件、驱动器相关资料、执行器相关资料、多媒体设备、相关国家标准、行业规范、劳保用品。

学习过程

空调机组控制系统可以通过空调机组向特定区域提供经过处理的空气,使特定区域的环境保持舒适性(厂区要达到规定温湿度要求),系统的传感器通过检测温湿度参数,与设定值进行比较,通过直接数字控制器(DDC)计算以控制水阀开度、设备启停,同时实时检测各设备状态及时报警,以便维修人员能够对设备进行及时检修和维护。

(1)查阅资料,说说空调系统的组成。

(2)要想完成对空调的统一控制,需要哪些关键的元器件?它们在施工图中采用什么图形符号表示?

(3)空调水系统常用驱动器的种类有哪些?

(4)空调水系统常用的执行器按动力形式不同可以分为哪几种?

(5)常用水阀执行器按运动形式不同可以分为哪几种?

（6）暖通空调系统冷、热水表面处理器的水流控制应选用什么类型的电动执行器？

（7）简述驱动器控制方式的种类及控制方法（见图 4-2-1）。

图 4-2-1　水阀驱动器

（8）举例说明目前市场上常用的微型电动阀门，并说明电动阀门的应用场合。

（9）结合学院空调改造工程的要求，参考空调改造工程文件，填写施工任务单（见表 4-2-1）。

表 4-2-1　施工任务单

记录号：　　　　　　　　　　　　　　　时间：

施工单位		施工部位	
施工时段			
内容：			
签发人		接受人	

（10）勘查施工现场，识读施工图，小组讨论，编写施工计划。

（11）在施工计划中确定小组工作人员应承担的工作任务。如果分担的工作任务出现问题，应该通过什么样的流程来解决处理问题？

二、施工准备

学习目标

（1）能识读施工图，辨别驱动器及执行器的图形符号及其含义、规格。
（2）能选择合适的施工工具和材料。
（3）能换算公制、英制，并了解螺纹的公制、英制角度。
（4）能对工程所用线缆和紧固件的规格、数量、质量进行检查。

学习准备

水阀处理器相关资料、多媒体设备、相关国家标准、行业规范、劳保用品。

学习过程

任务描述：根据施工现场条件，进行工作分工，选择施工工具和辅材，向工程后勤部门提交一份工具清单和辅材清单。

（1）查阅资料，识读驱动器及执行器施工图，抄画图样中标注的驱动器、执行器符号，并写出对应的名称、规格、数量。

（2）施工中必要的工具有哪些？一般工作人员都会配备哪几样工具？填写下列工具、材料清单。

表 4-2-2　工具、材料清单

序号	名称	规格及型号	数量	备注

（3）处理日常维修维护问题时，必须使用什么工具？

（4）公制、英制的换算方法是什么？公制、英制的螺纹角度分别是多少？

（5）检查工程所用线缆和紧固件的规格、数量、质量，将不合格产品单独记录和存放。

三、安装施工

🔍 学习目标

（1）能正确对水阀驱动器及执行器进行机械安装。
（2）能按照电气接线要求正确接线。

学习准备

施工规范、施工任务单、施工图、驱动器及执行器的产品说明书；冲击钻、手电钻、锤子、扳手、盒尺、测电笔、斜口钳、旋具、剥线钳、万用表、梯子、防水（绝缘）胶带、膨胀螺钉、自攻螺钉等；劳保用品、安全生产警示标识。

学习过程

（1）查阅资料，写出水阀驱动器的安装要求。

（2）查阅资料，写出水阀驱动器及执行器安装的施工注意事项。

（3）查阅资料，写出水阀执行器的安装要求。

（4）绘出水阀执行器正确的安装方位图。

（5）查阅资料，找出相应的水阀驱动器的安装与连接图，并抄画简图。

（6）查阅资料，写出水阀驱动器的安装注意事项。

（7）在教师指导下，以小组为单位，完成以下安装工作。
① 进行水阀驱动器及执行器的机械安装，记录操作步骤及要点。

② 按产品说明书上的要求对设备进行水阀驱动器电气接线，记录接线步骤和要点。

学习拓展

1. 水阀驱动器

水阀驱动器通过控制器发出的控制信号转换为扭矩信号，根据信号值的大小驱动执行器按比例开启，如图 4-2-2 所示。

图 4-2-2　水阀驱动器

S6062 系列水阀驱动器与 S6063 系列二通或三通电动调节阀配套使用，用以调节介质流量。该系列驱动器能与递增型控制器兼容，或通过另外的电子定位装置与连续性（DC 0~10 V 或 4~20 mA）控制器兼容。目前，常用的水阀驱动器根据作用力大小不同分为 500 N、1000 N、1800 N 及 3000 N 四种，根据所配阀门的大小选用不同作用力的驱动器，可满足不同工况的要求。

S6062-05 水阀驱动器有两种控制类型，分别为：

（1）S6062-05A，能接收 DC 0~10 V/DC 0~5 V/DC 5~10 V 的输入信号，提供比例控制。

（2）S6062-05D，可逆电机，提供增量控制。

S6062-05 水阀驱动器技术参数如表 4-2-3 所示。

表 4-2-3　技术参数

型　号	S6062-05D	S6062-05A
作用方式	可逆	正作用或反作用（跳线环选择）
控制方式	增量控制	比例控制
输入信号		DC 0~10 V/DC 0~5 V/DC 5~10 V
电机形式	同步永磁式可逆	
额定值	AC 24 V，50/60 Hz，2.4 W	
作用力	500 N	
驱动器最大行程	20 mm	
材　料	齿轮：尼龙；支承座：镀锌钢板；支架：压铸铝；帽盖：ABS 工程塑料	
防护等级	IP40	
全行程时间	10 mm 行程为 100 s（频率 50 Hz） 10 mm 行程为 85 s（频率 60 Hz）	
环境温度	工作：−15~+55 ℃ 储运：−20~+65 ℃	
环境湿度	不凝露	90%RH，不凝露
净重	0.64 kg	

2. 典型接线图（见图 4-2-3）

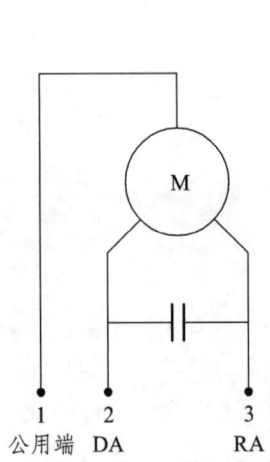

通电端子	驱动器轴
1-2 →	伸长
1-3 →	缩回

（a）S6062-05D 典型接线图

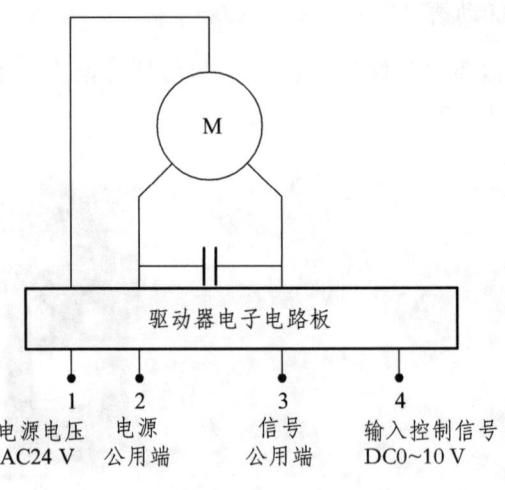

输入控制信号		驱动器轴
正作用	反作用	
增加	减少	伸长
减少	增加	缩回

（b）S6062-05A 典型接线图

图 4-2-3　典型接线图

执行器　　　　　　　阀门知识

四、施工验收

🔍 学习目标

（1）能正确使用常用测试仪表进行调试。
（2）能按照标准进行使用和维修。
（3）能编写测试报告。

✏️ 学习准备

空调系统改造工程施工方案、驱动器及执行器安装施工图、驱动器及执行器的相关资料、多媒体设备、测试标准、相关国家标准、行业规范；万用表、兆欧表等检测设备、工具；劳保用品、安全生产警示标识。

🎓 学习过程

（1）查阅资料，写出电动阀门调试施工条件及施工前准备工作。

（2）在教师指导下，以小组为单位，完成以下调试和测试工作。
① 进行水阀驱动器信号线路、配电线路测试，记录测试步骤及要点，记录测试数据，判断测试结果是否合格。

② 查阅资料,小组讨论和分析产生不合格的原因,确定水阀驱动器的调整方案并实施。

③ 进行执行器的机械调试、线路测试,记录机械调试、线路测试操作步骤及要点,记录测试的过程数据,判断测试结果是否合格。

④ 查阅资料,小组讨论和分析产生不合格的原因,确定驱动器的调整方案并实施。

(3) 水阀驱动器及执行器安装工程经过检验合格后,填写施工交接单(见表4-2-4)。

表4-2-4 施工交接单

工程名称		编号	
交接部位		交接时间	
目前交接部位完成情况			
质量进度方面				
安全文明方面				
其他方面				
存在问题		完成时间	
签字栏			
移交单位名称		责任人	
接收单位名称		责任人	
监理见证人签字				

（4）根据《智能建筑工程质量验收规范》（GB 50339—2013）中的验收内容，在教师的指导下，以小组为单位，完成安装工程的验收，填写设备安装竣工验收单（见表 4-2-5）。

表 4-2-5　设备安装竣工验收单

序号	设备名称	检测内容	存在的问题	检验结果	
				合格	不合格

检测机构项目负责人：	检测结论：	
检测人员签字：		检测日期：

注：在检测结果栏，按实际情况在相应空格内打"√"。

五、学习成果展示与汇报、评价与反馈

学习目标

（1）能规范地撰写工作总结。
（2）能采用多种形式进行成果展示。
（3）能有效地进行工作总结与经验交流。

学习准备

作业班组施工任务单、驱动器与执行器安装工程施工图、图例资料、产品说明书、展示用探测器、展示用设备、劳保用品、安全生产警示标识。

小组汇报

（1）小组长检查引导问题的掌握情况，老师随机抽查。
（2）评价反馈，从多方面对工作和学习过程及成果进行评价，不仅要找到缺陷，更重要的是要找到产生缺陷的原因，并做出相应的修正（见表 4-2-6、表 4-2-7）。
（3）小组代表进行总结性发言，提交学习成果。

表 4-2-6 职业行动评价表

评价项目	评价内容	评价标准	评价方式		
			自我评价	小组评价	教师评价
职业素养	安全意识 责任意识	A 作风严谨，自觉遵章守纪，出色地完成工作任务； B 能够遵守规章制度，较好地完成工作任务； C 遵守规章制度，没完成工作任务或虽完成工作任务但未严格遵守规章制度； D 不遵守规章制度，没完成工作任务			
	学习态度 主动	A 积极参与教学活动，全勤； B 缺勤达本任务总学时的10%； C 缺勤达本任务总学时的20%； D 缺勤达本任务总学时的30%			
	团队合作意识	A 与同学协作融洽，团结合作意识强； B 与同学能沟通，协同工作能力较强； C 与同学能沟通，协同工作能力一般； D 与同学沟通困难，协同工作能力较差			
专业能力	活动一：勘查现场	A 按时、高质量完成调研及工作页，积极参与课堂活动，表现突出； B 按时、较好地完成工作页，积极参与课堂活动； C 没按时完成工作页，不积极参与课堂活动； D 没完成工作页，不参与课堂活动			
	活动二：施工前准备	A 按时、完整地完成工作页，问题回答正确； B 按时、完整地完成工作页，问题回答基本正确； C 未能按时完成工作页，或内容遗漏、错误较多； D 未完成工作页			
	活动三：现场施工	A 学习活动成绩为90~100分； B 学习活动成绩为75~89分； C 学习活动成绩为60~74分； D 学习活动成绩为0~59分			
	活动四：总结与评价	A 学习活动成绩为90~100分； B 学习活动成绩为75~89分； C 学习活动成绩为60~74分； D 学习活动成绩为0~59分			
创新能力		学习过程中提出具有创新性、可行性的建议	加分奖励：		
学生姓名			综合评价等级		
指导教师			日期		

表 4-2-7　职业内容与职业能力评价表

学习任务名称：_____

班级：_____　　组别：_____　　姓名：_____　　学号：_____

项目	评价内容	每次课评价				活动总评
职业素养评价项目（老师与观察员评价）	不迟到、不早退、仪容仪表、工衣、工牌 评价方法：全部合格为 A，一个不合格为 B，两个不合格为 C，三个不合格为 D					
	资讯（获取有效的信息）：网络、书籍、产品资料、老师、同学、相关规范及标准、其他 评价方法：两种渠道以上的为 A，两种渠道的为 B，一种渠道的为 C，无为 D					
	团队合作意识：与同学合作交流、听取同学意见、表达自己的观念、协助制订工作计划、无独自一人发呆走神现象、无抵触或不参与、协调小组成员、参与小组讨论 评价方法：全部合格为 A，一个不合格为 B，两个不合格为 C，三个及三个以上不合格为 D					
	7S 管理意识：学习区、施工区、资讯区、仓储区 评价方法：全部合格为 A，一个不合格为 B，两个不合格为 C，三个不合格为 D					
职业能力评价项目（老师与组长评价）	当次项目工作页完成情况 评价方法：抽查引导问题，第一次成功为 A，第二次成功为 B，第三次成功为 C，第四次及以上成功的为 D					
	成果 1：_____					
	成果 2：_____					
	成果 3：_____					
	成果 4：_____					
	学习成果评价方法： 　小组抽查形式：第一次成功为 A，第二次成功为 B，第三次成功为 C，第四次及以上成功的为 D。 　个人考核形式：当次学习活动成绩 90~100 分为 A；75~89 分为 B；60~74 分为 C；0~59 分为 D					
加分项目	1. 课堂积极发言一次加 1 分； 2. 上讲台总结发言一次加 2 分； 3. 成功组织策划课件活动一次加 3 分					
加分及扣分说明						

续表

学习情况描述	学习活动一	安排的工作任务:	日期:
		实际工作内容:	评价人:
		完成情况:	
	学习活动二	安排的工作任务:	日期:
		实际工作内容:	评价人:
		完成情况:	
	学习活动三	安排的工作任务:	日期:
		实际工作内容:	评价人:
		完成情况:	
教师评价			总评成绩:

学习任务五　照明控制箱的安装

【学习目标】

（1）能阅读工作任务单，明确任务要求。
（2）能识读图纸、制订工作计划。
（3）能根据工作任务，确认所需工具和材料，正确使用工具。
（4）能根据设计图纸和控制要求，描述控制箱的工作过程。
（5）能根据施工标准，正确安装元器件并接线。
（6）能根据完成的工作内容进行质量反馈与评价。
（7）能执行现场 7S 的工作管理。

【建议学时】

56 学时。

【学习地点】

智能楼宇实训室。

【学习资源】

常用工具：金属开孔器、冲子、锤子、墨盒、水平尺、钢锯、直柄麻花钻、切割机、手电钻、手磨机、常用电工工具。

材料：1 mm² 单股铜芯线、理线槽、交流接触器、24 V 直流继电器、按钮、转换开关、指示灯、螺旋式熔断器、24 V 直流电源、螺旋式熔断器、接线端子、微型计算机时控开关。

设备：互联网资源、多媒体教学设备、白板和展示板、万用表。

常用量具：三角尺、金属直尺、钢卷尺、水平尺等。

资料：配电设计规范、电气图用图形符号（GB/T 4728—2008）、电气制图与识图、建筑电气工程施工质量验收规范（GB 50303—2015）、电气装置安装工程低压电器施工及验收规范（GB 50254—2014）

【任务描述】

深圳市某街道办欲对辖区内的三条道路的路灯供电箱进行节能改造，要求改造后的路灯电源既可进行自动定时控制，又可以人工进行手动控制。请按相关规范，在 7 个工作日内，以小组为单位，领取工作任务，在老师指导下，识读图纸，制订工作计划，确定安装元件，完成配电控制箱的安装、调试。施工完毕后进行工作总结与评价。

一、制订施工计划

阅读施工任务单，列出具体工作内容（见表5-0-1）。

表5-0-1 施工工作联系单

施工地点				
施工项目	配电控制箱安装			
客户具体要求（工作内容）	（1）按照施工图样安装，工期7天。必要时与客户沟通，提出修改意见。 （2）元件排列应整齐、规范。理线槽应平整，无扭曲变形，内壁无毛刺，各种附件齐全；线槽接口应平整，接缝处紧密平直，槽盖装上后应平整、无翘脚，出线口的位置准确。 （3）安装应符合《建筑电气工程施工质量验收规范》（GB 50303—2015）的有关规定			
派工时间	年　月　日	完工时间	年　月　日	
派工人员		安装人员		
验收意见		验收人		
		联系电话		
项目负责人签字		安装组负责人签字		

（1）结合任务描述和施工工作联系单，列出本次施工任务的具体工作内容和质量标准（查阅规范）。

（2）请查询GB/T 4728—2008，完成表5-0-2中电气图形符号的绘制。

表5-0-2 电气图形符号

名　称	图形符号	名　称	图形符号
交流接触器线图		动合按钮开关	
继电器线图		动断按钮开关	
热继电器线图		手动开关	
热断线电器驱动器件		热绝电器动合触点	
动合触点		热绝电器动断触点	
动断触点		交流接触器主触点	
先断后合转换触点		断路器触点	
中间断开的双向触点		速度继电器动合触点	

（3）结合上述内容，识读图纸（见图5-0-1、图5-0-2），按图识别相关元件。

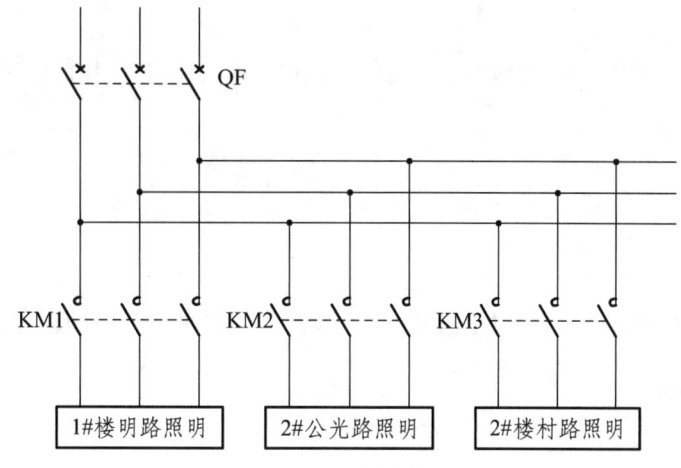

图 5-0-1　主接线图

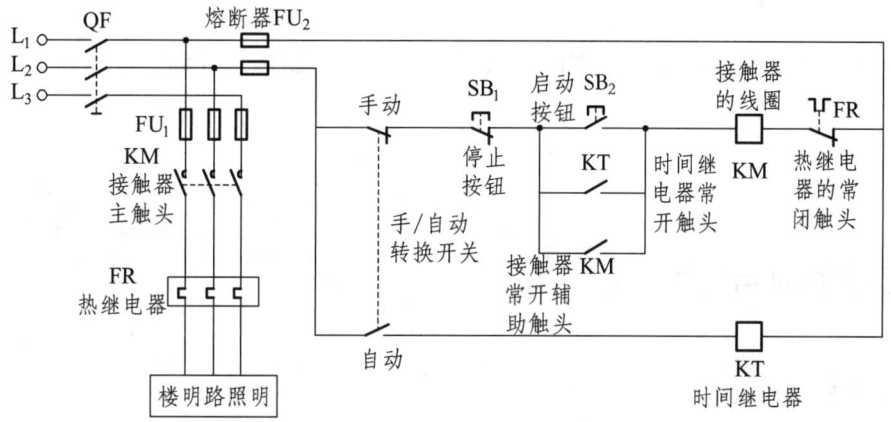

图 5-0-2　继电器控制电路图

① 在上述主接线图中，QF表示什么元器件？

② 在上述继电器控制电路图中，KM表示什么元器件？

③ FR表示什么元器件？

（4）识读图5-0-1和图5-0-2，试统计本项工程中，所用到的元器件的名称和数量。

（5）图5-0-2中是否用到了热继电器？热继电器一般用于什么场所？

二、施工准备

（1）通过前期知识准备和现场勘查，相信你对此次施工已经心中有数了，本次施工中，会用到哪些电动工具呢？

（2）如果你是施工班组长，在施工过程中，你想要将哪些安全常识或注意事项告诉你的组员呢？请写下来，并展示。

（3）请简要列出完成此项任务所需的工具及材料，并编制施工计划，小组讨论并与老师确认。

三、器件识别与检测

学习目标

（1）能正确识别控制器件。
（2）能检测控制器件的功能并熟悉操作注意事项。
（3）能完成控制器件的检测。

学习准备

控制器件原理图、接线图相关资料；检验设备和工具、用具；劳保用品、安全生产警示标识。

小辞典

低压电器是一种能根据外界的信号和要求，手动或自动地接通、断开电路，以实现对电路或非电对象的切换、控制、保护、检测、变换和调节的元件或设备。总的来说，低压电器可以分为配电电器和控制电器两大类，是成套电气设备的基本组成元件。

学习过程

（1）低压电器的种类繁多，分类方法有很多种。
① 按动作方式可分为手动电器和自动电器。刀开关、按钮开关等属于_____电器；接触器、继电器等属于_____电器。

② 按用途可分为低压控制电器和低压保护电器。刀开关、低压断路器等属于_____；熔断器、热继电器等属于_____。

③ 按种类可分为_____
_____
_____等。

（2）刀闸开关，是电力设备手动开关的一种，别名闸刀，一般多用于低压电。刀闸开关有单相刀闸和三相刀闸之分。根据应用的不同有各种规格，一般都标注电压和电流，如 220 V，16 A，意思是_____。

刀闸开关一般由瓷底座、塑料盖、铜件组成，上部为进线口，下部为出线口，中间设计有安装保险丝部位。请在下面框中绘制刀闸开关的电气图形符号。

📖 小辞典

熔断器（fuse）是指当电流超过规定值时，以本身产生的热量使熔体熔断，是断开电路的一种电器。

（3）熔断器是根据电流超过规定值一段时间后，以其自身产生的热量使熔体熔化，从而使电路断开，是运用这种原理制成的一种电流保护器。因此在电路中，熔断器一般用于_____保护。

请在下面框中绘制熔断器的电气图形符号。

请写出使用熔断器的注意事项：

📖 小辞典

控制按钮是一种结构简单、应用广泛的主令电器,主要用于远距离控制接触器、电磁启动器、继电器线圈及其他控制线路,也可用于电气联锁线路等。

(4)控制按钮一般可分为开启式按钮、保护式按钮、防水式按钮、防爆式按钮、防腐式按钮、紧急式按钮、钥匙式按钮、旋转式按钮、带灯按钮、自持按钮等。

在开关柜、控制台、控制柜的面板上一般采用_____按钮。为防止雨水浸入,户外使用时,采用_____按钮。煤矿等有爆炸性气体和尘埃的环境采用_____按钮。有化工腐蚀性气体的环境使用_____按钮。需要紧急切断电源时使用_____按钮。为了防止误动作,需要只有用钥匙插入按钮才可操作的环境,应使用_____按钮。

(5)图5-0-2所示是复合按钮(常开按钮和常闭按钮做在一起)示意图,请画出其电气符号图。

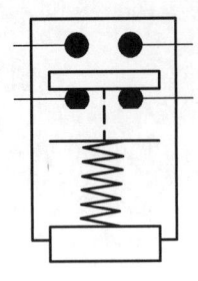
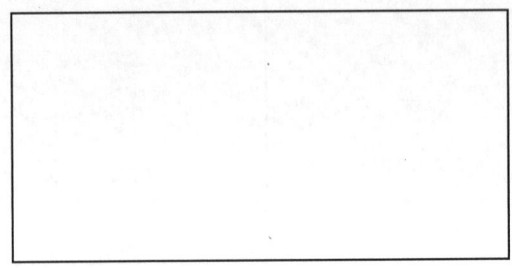

图5-0-3 复合按钮

📖 小辞典

交流接触器广泛用于电力的开断和控制电路。它利用主接点来开闭电路,用辅助接点来执行控制指令。主接点一般只有常开接点,而辅助接点常有两对具有常开和常闭功能的接点,小型接触器也经常作为中间继电器配合主电路使用。交流接触器的接点,由银钨合金制成,具有良好的导电性和耐高温烧蚀性。

(6)交流接触器(见图5-0-4)主要由四部分组成:① 电磁系统,包括吸引线圈、动铁心和静铁心;② 触头系统,包括三组主触头和一至两组常开、常闭辅助触头,它和动铁心是连在一起互相联动的;③ 灭弧装置,一般容量较大的交流接触器都设有灭弧装置,其用途是以便迅速切断电弧,免于烧坏主触头;④ 绝缘外壳及附件,各种弹簧、传动机构、短路环、接线柱等。

接触器工作原理

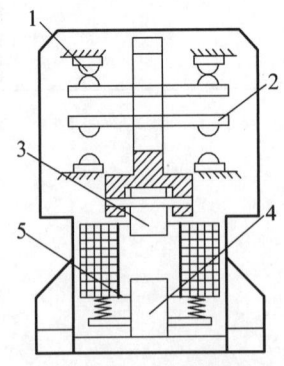

图5-0-4 交流接触器

1—静触头;2—动触头;3—动铁心;4—静铁心;5—线圈

(7)图5-0-5是交流接触器电气符号和图形符号,请标注出各部件的名称。请以小组为单位,在老师指导下，完成接触器的拆解和组装。

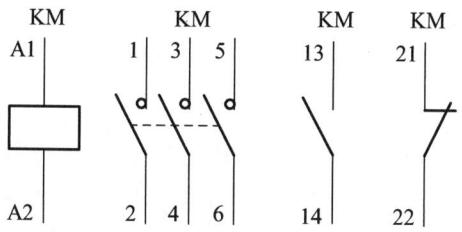

图 5-0-5 交流接触器电气符号和图形符号

① 图 5-0-5 中，1、2、3、4、5 分别是什么部件？

② 请在图 5-0-6 中填写相关组成的名称。

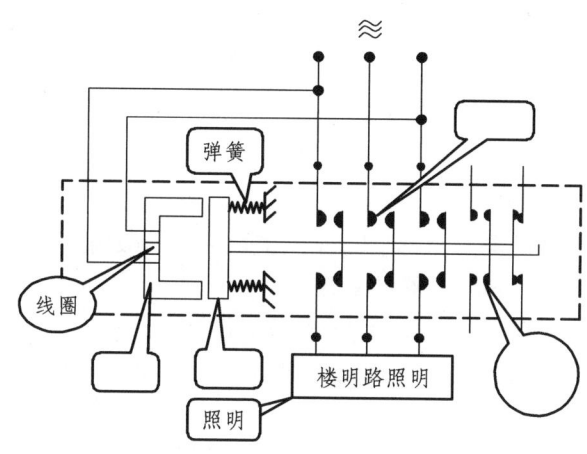

图 5-0-6 交流接触器电路

（8）接触器主触头：用于主电路（流过的电流大，需加灭弧装置）。接触器辅助触头：用于控制电路（流过的电流小，无须加灭弧装置）。其控制对象为电动机及其他电力负载，接触器的技术指标有：额定工作电压、电流、触点数目等。

（9）图 5-0-7 是一个简单的接触器点动控制电路电气原理图，请描述其工作过程。图中的接触器线圈应采用_____V。

图 5-0-7 接触器点动控制电路电气原理图

工作过程：

（10）在接触器的触点中，NO 表示_____触点，NC 表示_____触点。

学习拓展

热继电器是由流入热元件的电流产生热量，使有不同膨胀系数的双金属片发生形变，当形变达到一定距离时，就推动连杆动作，使控制电路断开，从而使接触器失电，主电路断开，实现电动机的过载保护，如图 5-0-8 所示。继电器作为电动机的过载保护元件，以其体积小、结构简单、成本低等优点在生产中得到了广泛应用。

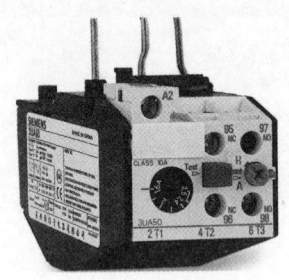  

图 5-0-8 热继电器

1. 热继电器的主要技术参数

额定电压：热继电器能够正常工作的最高电压值，一般为交流 220 V、380 V、600 V。

额定电流：额定电压下通过热继电器的电流。

额定频率：一般而言，其额定频率按照 45~62 Hz 设计。

整定电流范围：由其特性来决定，它描述的是在一定的电流条件下热继电器的动作时间和电流的平方成正比。

热继电器的作用：主要用来对异步电动机进行过载保护，它的工作原理是过载电流通过热元件后，使双金属片加热弯曲去推动动作机构来带动触点动作，从而将电动机控制电路断开，实现电动机断电停车，起到过载保护的作用。鉴于双金属片受热弯曲过程中，热量的传递需要较长的时间，因此，热继电器不能用作短路保护，而只能用作过载保护。热继电器的符号为 FR，电路符号如图 5-0-9 所示。

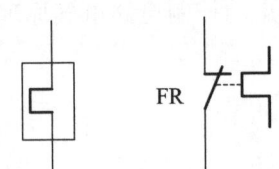

图 5-0-9 热继电器的电路符号

2. 热继电器的组成结构

它由发热元件、双金属片、触点及一套传动和调整机构组成。发热元件是一段阻值不大的电阻丝，串接在被保护电动机的主电路中。双金属片由两种不同热膨胀系数的金属片碾压而成。下层一片的热膨胀系数大，上层的小。当电动机过载时，通过发热元件的电流超过整定电流，双金属片受热向上弯曲脱离扣板，使常闭触点断开。由于常闭触点是接在电动机的控制电路中的，它的断开会使得与其相接的接触器线圈断电，从而接触器主触点断开，电动机的主电路断电，实现了过载保护。

热继电器动作后，双金属片经过一段时间冷却，按下复位按钮即可复位。

3. 选择方法

热继电器主要用于保护电动机的过载，因此选用时必须了解电动机的情况，如工作环境、启动电流、负载性质、工作制、允许过载能力等。

① 原则上应使热继电器的安秒特性尽可能接近甚至重合电动机的过载特性，或者在电动机的过载特性之下，同时在电动机短时过载和启动的瞬间，热继电器应不受影响（不动作）。

② 当热继电器用于保护长期工作制或间断长期工作制的电动机时，一般按电动机的额定电流来选用。例如，热继电器的整定值可等于 0.95~1.05 倍的电动机的额定电流，或者取热继电器整定电流的中值等于电动机的额定电流，然后进行调整。

③ 当热继电器用于保护反复短时工作制的电动机时，热继电器仅有一定范围的适应性。如果短时间内操作次数很多，就要选用带速饱和电流互感器的热继电器。

④ 对于正反转和通断频繁的特殊工作制电动机，不宜采用热继电器作为过载保护装置，而应使用埋入电动机绕组的温度继电器或热敏电阻来保护。

📖 小辞典

继电器（relay）是一种电控制器件，是当输入量（激励量）的变化达到规定要求时，在电气输出电路中使被控量发生预定的阶跃变化的一种电器。它具有控制系统（又称输入回路）和被控制系统（又称输出回路）之间的互动关系。继电器通常应用于自动化的控制电路中，它实际上是用小电流去控制大电流运作的一种"自动开关"，故在电路中起着自动调节、安全保护、转换电路等作用。

继电器按其工作原理或结构特征可分为接触器和时间继电器。

① 接触器：利用输入电路内电路在电磁铁心与衔铁间产生的吸力作用而工作的一种电气接触器。

② 时间继电器：当加上或除去输入信号时，输出部分需延时或限时到规定时间才闭合或断开其被控线路的继电器。

（11）接触器线圈在电路中用一个长方框表示。接触器的触点通常有两种基本形式。

① 动合型（常开）：线圈不通电时两触点是断开的，通电后，两个触点就闭合。

② 动断型（常闭）：线圈不通电时两触点是闭合的，通电后，两个触点就断开。

（12）请查询资料，写出其他种类的至少五种接触器，并查找相对应的图片，写出图片的出处（或位置）。

(13）请分析并写出图 5-0-10 中的继电器工作过程。

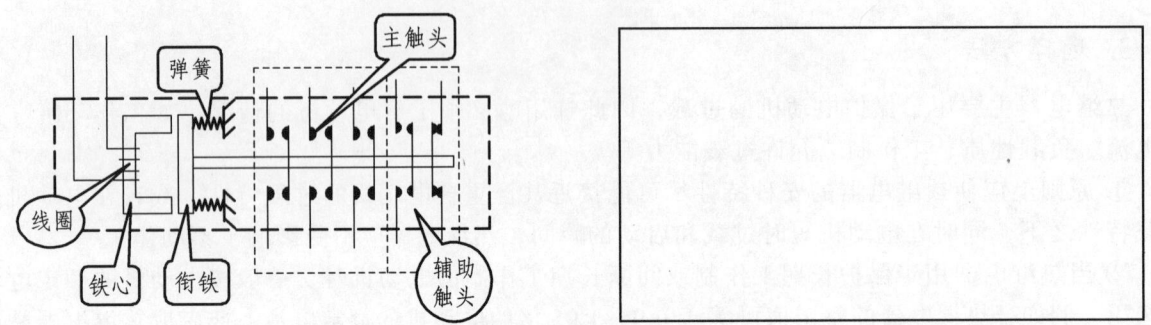

图 5-0-10　继电器工作过程

(14）请给表 5-0-3 中的图片写出名称，并利用万用表，测其常开/常闭触点，在图中标注出来。

表 5-0-3　电气元器件

序 号	图 形	名 称
1		
2		
3		
4		

续表

序　号	图　形	名　称
5		
6		
7		
8		
9		

（15）本工程中，用到的交流接触器型号是_____，其工作电压是_____V，额定电流为_____A，共有常开触点_____对，常闭触点_____对。接触器线圈的直流电阻为_____Ω。

四、安装施工

🔍 学习目标

（1）能描述控制箱的安装方法。

（2）能描述安装控制箱时的操作注意事项。
（3）能完成控制箱的安装。

学习准备

控制箱安装施工图、接线图相关资料、《智能建筑工程质量验收规范》（GB 50339—2013）；检验设备和工具、用具；劳保用品、安全生产警示标识。

学习过程

（1）根据施工图设计要求，本次施工中所选用的电源规格为_____V，____A。
（2）测量配电控制箱（见图5-0-11）的尺寸，其长、宽、高分别为_____；配电箱安装底板的尺寸为_____。

图 5-0-11　配电控制箱

（3）请测量交流接触器 CJX2-0910 的安装尺寸，如图 5-0-12 所示。
$A=$_____ $B=$_____ $C=$_____ $D=$_____ $a=$_____ $b=$_____ $\phi=$_____

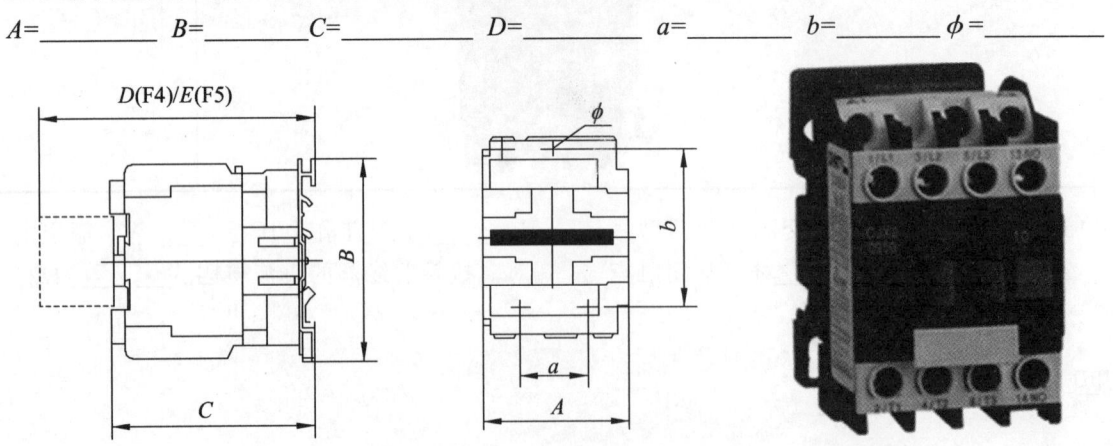

图 5-0-12　交流接触器的安装尺寸

（4）图 5-0-13 是接触器底座安装尺寸图，请测量实物，将尺寸标注到图上。

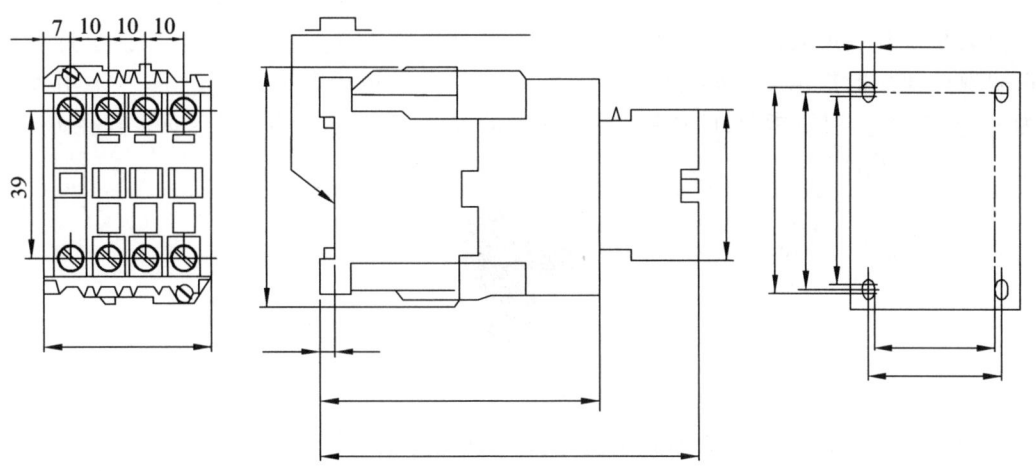

图 5-0-13　接触器底座安装尺寸

（5）请测量断路器安装孔的距离，在图 5-0-14 中标注出来。

$A=$＿＿＿$G=$＿＿＿$W_1=$＿＿＿$H=$＿＿＿$H_1=$＿＿＿$H_2=$＿＿＿$H_3=$＿＿＿$H_4=$＿＿＿

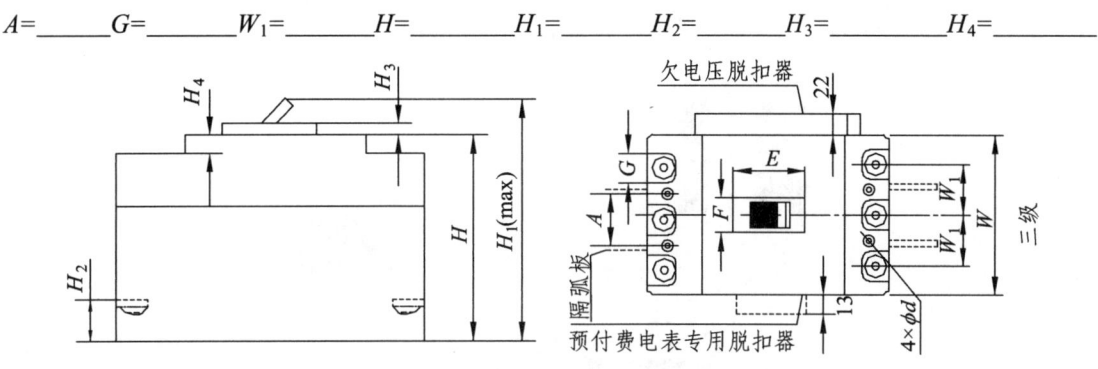

图 5-0-14　断路器安装孔的距离

（6）断路器如图 5-0-5 所示，请查询相关资料，对相关参数进行解读。

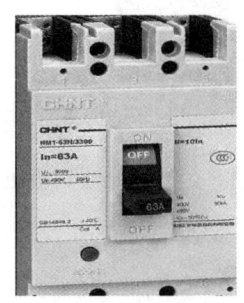

图 5-0-15　断路器

本工程使用的断路器的品牌是＿＿＿＿＿，型号为＿＿＿＿＿，额定电流为＿＿＿＿＿。

某断路器型号为 NM1-63H/3300，该断路器壳架等级额定电流为＿＿＿＿＿，额定电流的规格有＿＿＿＿＿＿＿＿，额定电压为＿＿＿＿＿，额定绝缘为＿＿＿＿，额定极限短路分断能力为＿＿＿＿＿，额定运行短路分断能力为＿＿＿＿＿，瞬时动作特性整定为＿＿＿＿＿。

请对 NM1-63H/3300 的含义进行解读。

（7）根据系统控制图要求，本工程中，指示灯需选用电压为_____。指示灯如图 5-0-16 所示，查阅现场使用的指示灯，写出其型号：_____，适用电压：_____。用万用表测量其电阻为_____。测量指示灯、按钮、转换开关的安装直径，选择开孔器：安装直径为_____，应选择_____开孔器。

图 5-0-16 指示灯

通过上面的准备工作，现在请你们小组安排一下配电控制箱所有低压电气元件的布局。请在一张 A3 或 A4 纸上画出示意图，并进行展示。待老师确认后，就可以进行安装前的冲眼、打孔了。最后，请将低压电气元件和理线槽一并安装固定，比一比谁的速度快，谁的质量好。

（8）完成固定、安装后，开始接线，先按图 5-0-7 所示控制线路进行简单连接吧。

读懂控制线路图，在图 5-0-17 所示的元件实物图中进行连接（绘制连接线），然后通电试验。

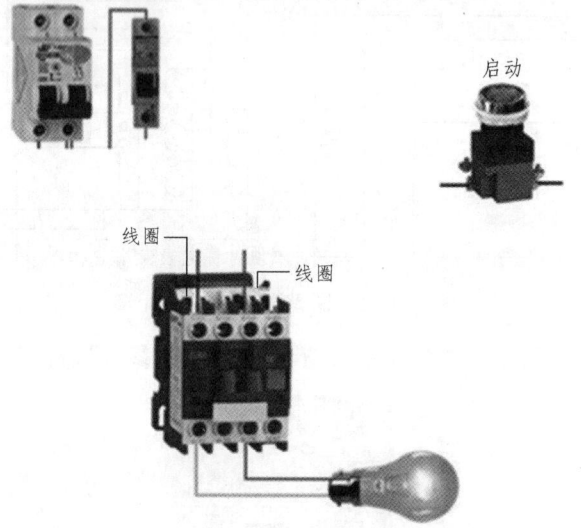

图 5-0-17 元件实物图

（9）连接成功后，再按图 5-0-18 逐步增加元件。在图 5-0-19 所示的元件实物图中进行连接（绘制连接线），然后通电试验。

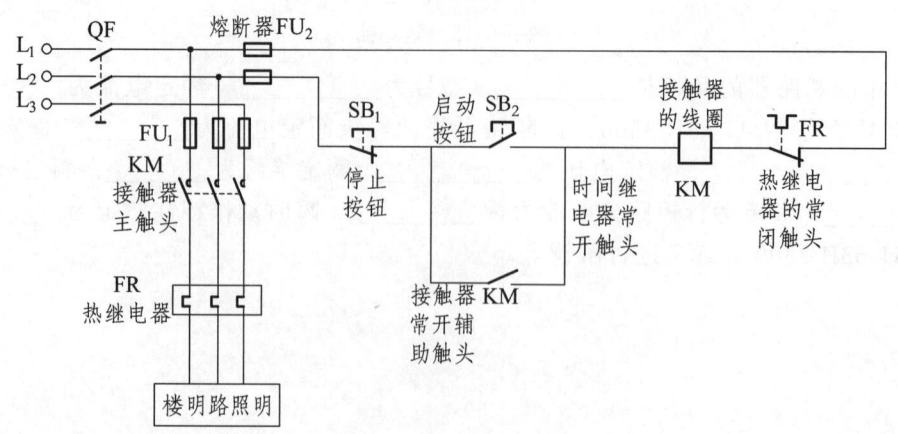

图 5-0-18 电路图

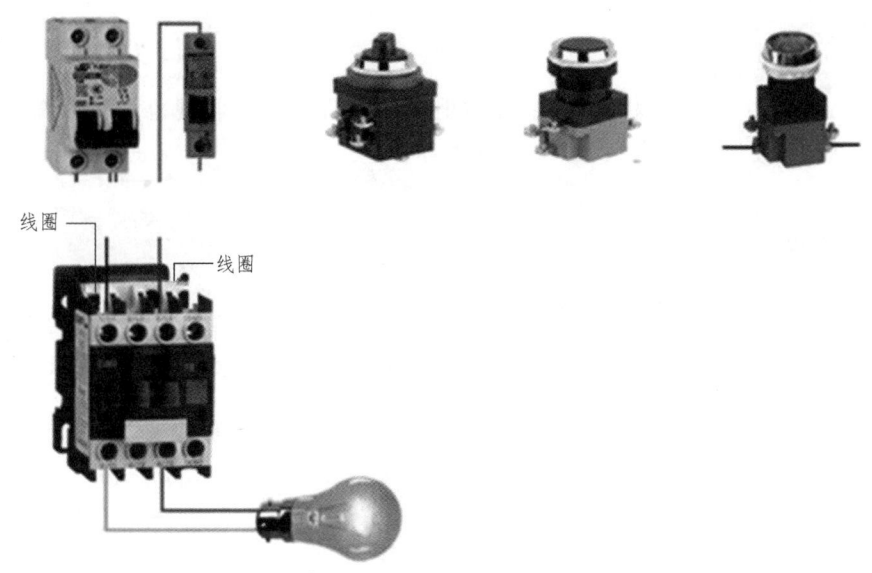

图 5-0-19　元件实物图

（10）识读电气控制原理图（见图 5-0-2），回答以下问题。
① 时间继电器分别用到了几组触点？是常开还是常闭？

② 时间继电器控制图中，KM 触头起什么作用？

（11）完成了上面的任务，你已经真正读懂了电路图，接下来，请将所有元器件按照电气图纸完成接线任务。接线完成后先别急着通电，需要先进行测试，对照电路图，完成以下问题。
① 在自动控制状态下，时间继电器的电阻阻值应为_____，实测值为_____。
② 在手动控制状态下，接触器的电阻阻值应为_____，实测值为_____；按下 SB_2 按钮，阻值应为_____，实测值为_____；按下 SB_1 按钮，阻值应为_____，实测值为_____。
③ 测量 L 和 N 之间的电阻值，阻值应为_____，实测值为_____。按下 SB_1（或 SB_2）按钮，阻值应为_____，实测值为_____。
请将上述测试结果与小组同学和老师一起讨论，确认是否正确，只有测试结果正确后方可通电。

五、施工验收

学习目标

（1）能自觉按照国家标准，完成设备安装的验收。
（2）能在组内检查的时候，按照国家标准，找出存在的问题。

学习准备

控制箱安装施工图、接线图相关资料、《智能建筑工程质量验收规范》（GB 50339—2013）；检验设备和工具、用具；劳保用品、安全生产警示标识。

学习过程

（1）查阅《智能建筑工程质量验收规范》（GB 50339—2013）中安全防范系统检测、监控与管理系统检测的主控项目和一般项目内容，简要列出控制箱验收主要有哪方面的内容。

（2）根据《智能建筑工程质量验收规范》（GB 50339—2013）中安全防范系统检测、监控与管理系统检测的验收内容，在教师的指导下，以小组为单位，完成控制箱安装工程的验收，填写设备安装竣工验收单（见表5-0-4）。

表 5-0-4 设备安装竣工验收单

序号	设备名称	检测内容	存在的问题	检验结果	
				合格	不合格
检测机构项目负责人：			检测结论：		
检测人员签字：			检测日期：		

注：在检测结果栏，按实际情况在相应空格内打"√"。

六、学习成果展示与汇报、评价与反馈

学习目标

（1）能规范地撰写工作总结。
（2）能采用多种形式进行成果展示。
（3）能有效地进行工作总结与经验交流。

学习准备

作业班组施工任务单、控制箱安装工程施工图、图例资料、产品说明书、展示用探测器、展示用设备、劳保用品、安全生产警示标识。

小组汇报

（1）小组长检查引导问题的掌握情况，老师随机抽查。

（2）评价反馈，从多方面对工作和学习过程及成果进行评价，不仅要找到缺陷，更重要的是要找到产生缺陷的原因，并做出相应的修正（见表5-0-5、表5-0-6）。

（3）小组代表进行总结性发言，提交学习成果。

表 5-0-5　职业行动评价表

评价项目	评价内容	评价标准	评价方式		
			自我评价	小组评价	教师评价
职业素养	安全意识 责任意识	A 作风严谨，自觉遵章守纪，出色地完成工作任务； B 能够遵守规章制度，较好地完成工作任务； C 遵守规章制度，没完成工作任务或虽完成工作任务但未严格遵守规章制度； D 不遵守规章制度，没完成工作任务			
	学习态度 主动	A 积极参与教学活动，全勤； B 缺勤达本任务总学时的10%； C 缺勤达本任务总学时的20%； D 缺勤达本任务总学时的30%			
	团队合作 意识	A 与同学协作融洽，团结合作意识强； B 与同学能沟通，协同工作能力较强； C 与同学能沟通，协同工作能力一般； D 与同学沟通困难，协同工作能力较差			
专业能力	活动一： 勘查现场	A 按时、高质量完成调研及工作页，积极参与课堂活动，表现突出； B 按时、较好地完成工作页，积极参与课堂活动； C 没按时完成工作页，不积极参与课堂活动； D 没完成工作页，不参与课堂活动			
	活动二： 施工前准备	A 按时、完整地完成工作页，问题回答正确； B 按时、完整地完成工作页，问题回答基本正确； C 未能按时完成工作页，或内容遗漏、错误较多； D 未完成工作页			
	活动三： 现场施工	A 学习活动成绩为90~100分； B 学习活动成绩为75~89分； C 学习活动成绩为60~74分； D 学习活动成绩为0~59分			
	活动四： 总结与评价	A 学习活动成绩为90~100分； B 学习活动成绩为75~89分； C 学习活动成绩为60~74分； D 学习活动成绩为0~59分			
创新能力		学习过程中提出具有创新性、可行性的建议	加分奖励：		
学生姓名			综合评价等级		
指导教师			日　期		

表 5-0-6 职业内容与职业能力评价表

学习任务名称：_____

班级：_____ 组别：_____ 姓名：_____ 学号：_____

项目	评价内容	每次课评价	活动总评
职业素养评价项目（老师与观察员评价）	不迟到、不早退、仪容仪表、工衣、工牌 评价方法：全部合格为 A，一个不合格为 B，两个不合格为 C，三个不合格为 D		
	资讯（获取有效的信息）：网络、书籍、产品资料、老师、同学、相关规范及标准、其他 评价方法：两种渠道以上的为 A，两种渠道的为 B，一种渠道的为 C，无为 D		
	团队合作意识：与同学合作交流、听取同学意见、表达自己的观念、协助制订工作计划、无独自一人发呆走神现象、无抵触或不参与、协调小组成员、参与小组讨论 评价方法：全部合格为 A，一个不合格为 B，两个不合格为 C，三个及三个以上不合格为 D		
	7S 管理意识：学习区、施工区、资讯区、仓储区 评价方法：全部合格为 A，一个不合格为 B，两个不合格为 C，三个不合格为 D		
职业能力评价项目（老师与组长评价）	当次项目工作页完成情况 评价方法：抽查引导问题，第一次成功为 A，第二次成功为 B，第三次成功为 C，第四次及以上成功的为 D		
	成果 1：_____		
	成果 2：_____		
	成果 3：_____		
	成果 4：_____		
	学习成果评价方法： 　小组抽查形式：第一次成功为 A，第二次成功为 B，第三次成功为 C，第四次及以上成功的为 D。 　个人考核形式：当次学习活动成绩 90~100 分为 A；75~89 分为 B；60~74 分为 C；0~59 分为 D		
加分项目	1. 课堂积极发言一次加 1 分； 2. 上讲台总结发言一次加 2 分； 3. 成功组织策划课件活动一次加 3 分		
加分及扣分说明			

续表

学习情况描述	学习活动一	安排的工作任务：	日期：
		实际工作内容：	评价人：
		完成情况：	
	学习活动二	安排的工作任务：	日期：
		实际工作内容：	评价人：
		完成情况：	
	学习活动三	安排的工作任务：	日期：
		实际工作内容：	评价人：
		完成情况：	
教师评价			总评成绩：

参考文献

[1] 赵志群. 职业教育工学结合一体化课程开发指南[M]. 北京：清华大学出版社，2009.
[2] 李胜. 建筑设备监控系统安装与运行[M]. 北京：中国劳动社会保障出版社，2016.